우리는 무엇으로 행복해지는가?

우리는
무엇으로
행복해지는가?

프롤로그

하얀 눈이 소리 없이 내리는 어느 날, 나는 창문 밖에 흩날리는 눈을 바라보면서 문득, "나는 지금 이 순간 내 삶을 행복하게 잘 살고 있는 것일까?" 라는 질문이 떠올랐다.

나는 IBK기업은행에서 31년간 근무하고 2011년 7월에 만55세로 제주지점장을 마지막으로 명예퇴직하고 나서 지금은 지음경영법인 창업상담회사에서 경영컨설턴트로 활동하고 있는데, 경영컨설턴트는 예비창업자와 중소기업, 소상공인들의 경영문제해결을 위해 도움을 드리는 직업으로 스스로 보람을 느끼고 있음에도 불구하고...

돌이켜보면 코로나19 펜데믹 사태를 겪으면서 예비창업자를 위하여 『사업계획서 없이 창업하지 마라』 책을 쓰고 나서 책쓰기의 중요성을 다시 한번 느끼게 되었고, 최근에 언론을 통해서 우리나라 사람들이 세계 다른 나라 사람들보다 행복하지 않다는 보도와 자살률 세계 1위라는 사실을 접하고 왜 그럴까? 하는 의문을 가지게 되었다.

　우리나라가 한강의 기적을 통하여 지금은 세계 경제순위 10위권으로 경제적으로 풍요를 누리고 있으며, 정치적으로도 민주화를 이루었다고 생각하는데 왜 우리는 행복하지 않을까?
　또한 평생 동안 열심히 일하고 은퇴 후 노후를 맞이한 베이비부머 중 45% 정도가 경제적으로 어려움을 겪고 있으며 행복하지 않다는 통계자료를 신문을 통해서 보고 주위에서 어려운 이웃들을 자주 만나보고 있다.

　왜 우리는 행복하지 않은가?

　이 책을 통해서 나는 이 문제에 대하여 지금까지 나의 경험과 인터뷰, 관련서적 등을 통해서 여러분에게 행복한 삶을 사는데 도움이 되고자 한다.

　많은 사람들은 대부분 더 많은 행복을 추구하며 살아간다. 매일 많은 이들이 궁금증을 가지고, 어떻게 하면 진정한 행복을 찾을 수 있을지 고민하며 하루하루를 살아가고 있고, 긍정적인 변화를 기대하며, 끊임없이 행복하기 위해 노력하는데도 왜 행복하다고 하는 사람보다 행복하지 않은 사람이 더 많을까?

행복이란 무엇일까?
금전적 성공, 명예, 혹은 자본적 소유물을 통해 찾을 수 있을까?
아니면 진정한 행복은 우리 안에 숨겨져 있을까?

이 책은 바로 이러한 의문에 대한 답을 찾기 위해 떠나는 여정의 시작이다. 이 책은 Part 10으로 나누어져 있는데 처음부터 읽어도 되고 Part3. 행복을 추구하는 방법부터 읽어도 된다. 여러분은 이 책을 읽으면서, 자신이 주변 사람들과 함께, 조금씩 더 행복하게 사는 방법을 찾을 수 있을 것이며 단순히 행복의 감정에 머무르는 것이 아니라, 행복을 마음으로 느끼고 조금씩 실천하며 주위 이웃들과 지혜를 함께 나눌 수 있도록 도움을 주는 것이 이 책의 목표이다.

이 책에서 나는 지금까지의 경험과 독서, 과학적 연구, 철학적 접근을 통해, 행복의 본질에 대하여 고민하고 또한, 이 책을 통하여 단순한 이론이 아니라 실제로 우리의 삶에 적용할 수 있는 실용적인 조언과 구체적인 생활 습관들을 제안하려고 노력했다.

최근에 꽃다운 나이의 선생님께서 스스로 목숨을 끊으셨다는 소식과 서울 한복판에서 흉기로 이유없이 지나가는 행인을 다치게 했다는 뉴스를 접하고 무슨 이유로 이러한 일들이 발생하는가? 하고 고민하게 되었고, 내가 어렸을 때에 비하면 우리나라가 경제적으로는 매우 풍족하게 되었는데 왜 우리는 행복하지 않는가? 라는 질문을 계속하게 되었다. 질문에 대한 답을 찾기 위해서 전문서적과 연구를 통해 깊이 있는 이해를 쌓아왔으며, 이러한 경험들을 바탕으로, 여러분과 함께 진정한 행복을 찾아가고자 한다.

행복은 다양한 정의와 의미를 갖고 있으며, 이를 이해하기 위해서는 여러 관점에서 살펴보아야 한다. 행복은 일상적인 삶에서 느끼는 즐거움과 만족감부터 깊은 내적 만족과 의미 있는 삶의 이면에 있는 것까지 다양한 영역을 포괄한다.

우선적으로, 행복은 감정적인 측면에서 해석될 수 있다. 감정적인 관점에서 행복은 기쁨, 만족감, 안도감 등 긍정적인 감정들을 경험하는 것으로 정의될 수 있는데 이러한 감정들은 우리가 일상적인 삶에서 즐거움과 만족을 느끼게 한다. 예를 들어, 가족과 함께 보내는 시간이나 취미 활동을 즐기는 것은 함께하는 사람들에게 행복을 준다.

그러나 행복은 단순히 감정적인 측면만으로 정의되지 않고 더 깊은 의미와 연결되어 있다. 이는 심리학적 관점에서 살펴볼 때 더욱 명확하게 드러나는데 심리학 연구에 따르면, 행복은 긍정적인 정서뿐만 아니라 개인의 삶에 대한 만족도와 의미있는 목표의 달성과도 깊은 관련이 있다. 다시 말해, 행복은 단순히 즐거운 감정만으로만 이루어진 것이 아니라 개인이 자신의 삶을 만족스럽게 여기고 의미 있는 삶을 살아가는 과정이다.

또한, 행복은 문화적, 사회적, 인간적인 측면에서도 해석될 수 있는데 문화적인 관점에서는 각 문화마다 행복의 정의와 가치가 다를 수 있다. 어떤 문화에서는 개인의 성공이나 재산이 행복의 주요 지표로 여겨질 수 있지만, 다른 문화에서는 가족이나 사회적 관계의 풍요로움이 행복의 중요한 요소가 될 수 있다.

사회적인 관점에서는 개인의 행복은 다른 사람들과의 관계와 연결성에 의해 영향을 받는다. 사람들은 대개 다른 사람들과의 유대감과 연결을 통해 보다 더 행복하고 만족스러운 삶을 살아간다.

이러한 다양한 관점을 고려할 때, 행복은 단순히 감정적인 측면만으로 정의되는 것이 아니라 더욱 복잡하고 다차원적인 개념임을 알 수 있다. 행복을 이해하고 추구하기 위해서는 이러한 다양성과 복잡성을 인식하고, 자신의 생각과 가치관을 탐구하며,

주변 환경과의 상호작용을 고려하는 것이 중요하다.

　이 글을 읽는 여러분이 이 글을 읽고 난 후에는 조금이라도 더 행복하기를 간절히 바란다. 또한 "오늘부터 나는 행복해야지" 하는 마음만으로 행복해지는 것이 아니라 마음을 단단히 먹고, 구체적으로 계획을 세우고, 하루하루 실천하고, 피드백을 통하여 한 걸음씩 앞으로 나아가야 내가 더 단단해지고 더 행복해 질 수 있다.

　자 이제 행복을 찾아서 출발해보자 !!!

목차

프롤로그 · 4

PART 1. 행복에 대한 물음
나에게서 행복이란? · 18
행복이 왜 중요한가? · 22
행복이란 무엇인가? · 25

PART 2. 과학적 측면에서의 행복
심리학적 관점 · 30
생물학적 요소 · 32
사회 및 문화적 영향 · 35

PART 3. 행복을 만들어 가는 방법

내 인생을 바꾸는 자기성찰 · 42
의미있는 목표 설정 · 49
긍정적인 습관 만들기 · 53
자비롭고 용서하는 자세 · 59
오늘 하루와 일주일을 행복하게 살기 · 64
천천히 행복하게 살기 · 69
혼자서도 행복하기 · 74
행복과 함께 걷기 · 79
감사하는 마음으로 살기 · 83
복식호흡으로 마음 챙기기 · 86

PART 4. 관계와 연결
좋은 인간관계 형성 · 96
사회적 연결의 중요성 · 102
외로움은 사회적 배고픔이다 · 107

PART 5. 삶의 의미와 목적 찾기
개인적 가치 발견 · 114
사회활동 참여하기 · 119

PART 6. 회복력 강화 전략
어려움에 대처하기 · 126
회복력을 키우는 방법 · 132
고통은 우리를 고귀하게 만든다 · 136

PART 7. 일상생활 속의 행복

    소소한 즐거움 찾기 · 144

    행복한 환경에 머무르기 · 147

    행복을 키우는 데 도움이 되는 좋은 습관 · 150

    일상의 행복은 그냥 이루어지지 않는다 · 154

PART 8. 스마트폰과 미디어가 행복에 미치는 영향

    행복을 위한 스마트폰 사용 관리 · 162

    미디어 과소비가 행복에 미치는 영향 · 165

PART 9. 지속 가능한 행복을 위한 조언

건강해야 행복하다 • 172
즐거움과 절제의 균형 유지 • 177
지속 가능한 행복을 위한 장기 전략 • 182
깨달음이 올 때 행복하다 • 186

PART 10. 행복은 지금 여기에

내일을 꿈꾸며 오늘을 살아가자 • 194
불확실성 속에서도 도전하는 삶 • 200

에필로그 • 208
참고문헌 • 212

우리는 무엇으로 행복해지는가?

PART 1

●

행복에 대한 물음

나에게서 행복이란?

　행복은 우리가 일생을 살아가면서 궁극적으로 추구하는 삶의 목표이자, 삶을 살아가는 이유 중 하나라고 생각한다. 하지만 행복의 의미는 사람마다 다르고, 시대와 문화에 따라 변한다. 어떤 사람은 물질적 풍요 속에서 행복을 찾고, 어떤 이는 사랑과 인간관계 속에서 행복을 느낀다. 또 어떤 이는 자아실현과 일의 성취를 통해 행복을 경험한다. 그렇다면 행복이란 과연 무엇일까?

　행복을 단순히 기쁨이나 즐거움으로 정의할 수도 있지만, 그것만으로는 충분하지 않다. 철학자 아리스토텔레스는 행복을 "좋은 삶을 사는 것"이라고 표현하며, 인간이 자신의 능력을 최대한 발휘하고 선한 삶을 살 때 비로소 진정한 행복에 도달할 수 있다고 말했다. 반면, 현대 심리학자들은 행복을 주관적 웰빙으로 설명하며, 개인이 자신의 삶에 대해 긍정적인 감정을 느끼고 만족하는 상태를 의미한다고 말한다.

나는 행복은 외부 환경에 의해 전부 결정되는 것이 아니라 개인의 가치관, 경험, 그리고 태도에 따라 달라지는 주관적인 감정도 매우 중요하다고 생각하는데, 같은 상황에서도 누군가는 행복을 느끼고, 누군가는 불행을 느끼기 때문이다.

행복을 이루는 요소에는 여러 가지가 있는데 첫째는 물질적 풍요이다. 경제적 안정은 어느 정도의 행복을 보장한다. 기본적인 의식주가 충족되지 않은 상태에서는 행복을 말하기 어렵다. 하지만 연구에 따르면 일정 수준 이상의 부는 행복에 큰 영향을 미치지 않는다. 가난이 대문으로 들어오면 행복은 뒷문으로 도망간다는 속담이 있지만 돈이 많다고 반드시 행복한 것은 아니다.

둘째는 좋은 인간관계이다. 인간은 사회적 동물이며, 타인과의 관계 속에서 행복을 찾는다. 가족, 친구, 동료와의 긍정적인 관계는 정신적 안정과 만족감을 준다. 특히 신뢰와 사랑이 있는 인간관계는 삶의 질을 높이고, 어려운 순간에도 서로에게 힘이 되어준다.

셋째는 자기실현과 성장이다. 우리는 목표를 가지고 성장할 때 만족감을 느낀다. 자신의 가능성을 발견하고, 원하는 목표를 향해 나아가는 과정에서 행복을 경험할 수 있다. 단순한 성공이 아니라, 자신이 의미 있다고 생각하는 일을 할 때 행복감은 더욱 커진다.

넷째는 건강한 몸과 마음을 들 수 있다. 신체적 건강과 정신적 안정은 행복의 필수 요소이다. 아무리 돈이 많고 성공을 이루었더라도 건강이 뒷받침되지 않으면 행복한 삶을 누리기 어렵다. 규칙적인 운동, 올바른 식습관, 충분한 수면과 같은 좋은 습관들이 장기적으로 행복에 큰 영향을 미친다.

마지막으로 현재를 살아가는 태도이다. 행복은 미래에 있는 것이 아니라 지금 여기에 있다. 우리가 "언젠가 행복해질 거야"라고 생각하는 순간, 행복은 점점 멀어질 수 있다. 작은 일에도 감사하고, 순간의 기쁨을 누리는 태도가 우리를 행복하게 한다.

행복은 선택이다. 내가 지금까지 경험을 통해서 얻은 결론은 행복은 내가 선택하는 것이다. 외부 환경이 완벽하게 조성될 때까지 기다리기보다는, 지금 이 순간 할 수 있는 것부터 시작하는 것이 중요하다. 행복은 거창한 것이 아니라, 일상의 작은 순간들 속에서 찾아야 하는데, 따뜻한 아침햇살을 느끼고, 좋아하는 음식을 친구들과 함께 맛있게 먹고, 사랑하는 사람과 대화하는 그 순간들이 모여 행복한 삶을 만든다.

행복이 왜 중요한가?

　행복은 우리들의 근본적인 열망이지만 각 개인이 서로 다르게 경험한다. 그것은 단지 일시적인 감정이 아니라 삶의 모든 측면에 영향을 미치는 심오한 기쁨이다. 행복의 중요성은 개인적인 기쁨을 넘어 가족, 지역 사회, 심지어 사회 전체에 영향을 미치며 밖으로 퍼져나가며 행복은 정신적, 육체적 건강을 증진시키고 우리의 삶의 의미를 느끼게 하기 때문에 매우 중요하다.

　행복한 사람은 스트레스 수준이 낮고 면역 체계가 강하며 심장 질환이나 당뇨병과 같은 만성질환의 위험이 감소하는 경향이 있고, 행복감은 회복력을 키워 사람들이 낙관주의와 적응력을 가지고 삶의 어려움을 헤쳐나갈 수 있도록 돕는다. 긍정적인 생각은 문제 해결 능력과 창의성을 향상시켜서 어려운 상황에서도 이를 이겨낼 수 있도록 도와준다.

행복은 또한 의미 있는 관계를 구축하고 유지하는 데 중요한 역할을 한다. 사람들은 행복할 때 친절, 공감, 관대함을 표현하고 다른 사람들과의 유대를 강화할 가능성이 더 높고 긍정적인 사회적 연결은 행복감을 증가시켜 기쁨을 공유하는 선순환을 만들어낸다.

행복은 사회적 의미 외에도 본질적으로 개인적인 성취와도 연결되어 있다. 이는 우리 자신의 열정을 추구하고, 목표를 설정하고, 이를 달성하고, 일상 경험에서 의미를 찾을 수 있도록 도와준다. 행복이 가득한 삶은 종종 목적의식과 감사로 연결되며, 개인의 삶뿐만 아니라 그들이 접촉하는 다른 사람들의 삶도 풍요롭게 한다.

행복은 단지 즐거움을 추구하거나 고통이 없는 것만을 의미하는 것은 아니다. 이는 만족, 자기 수용, 자신의 가치에 대한 일치와 같은 더 깊은 의미를 말하며 행복을 키우려면 마음 챙기기, 인간관계 개선, 긍정적 사고방식 등 의도적인 노력이 필요하다. 나는 행복이 만족스러운 삶을 위한 필수 요소라고 생각하는데, 행복은 우리들의 건강한 삶을 유지하고, 인간관계를 더 좋아지게 하며, 우리 사회를 더 살기 좋은 곳으로 만든다.

행복이란 무엇인가?

 행복은 단순히 기분이 좋거나 긍정적인 감정을 느끼는 상태를 넘어서는 다차원적인 개념이다. 과학적 연구에서는 행복이 여러 요소로 구성된 복합적인 상태임을 밝혀왔다. 이러한 구성 요소는 크게 정서적 행복, 심리적 행복, 그리고 사회적 행복으로 나눌 수 있으며, 서로 상호작용하며 개인의 전반적인 행복 수준에 영향을 미친다.

 정서적 행복은 현재 순간에서의 긍정적인 감정과 부정적인 감정의 균형을 말한다. 이는 기쁨, 감사, 사랑, 희망과 같은 긍정적인 감정을 자주 경험하고, 동시에 스트레스, 불안, 분노와 같은 부정적인 감정을 덜 경험하는 것을 말한다. 긍정적 정서의 빈도와 강도는 행복의 중요한 지표이며, 이는 순간적인 기쁨뿐 아니라 장기적인 삶의 만족감에도 영향을 미친다. 예를 들어, 일상에서 작은 성취를 축하하거나 자연을 감상하는 순간 등은 긍정적인 정서를 증대시켜 행복감을 증가시킨다.

심리적 행복은 자아실현과 개인적인 성장에 초점을 맞춘다. 이는 삶의 목적과 의미를 느끼는 것, 자기 수용, 긍정적인 대인관계, 자율성, 리더십, 개인적 성취와 같은 심리적 상태이다.

심리학자 캐럴 리프가 제시한 심리적 행복을 측정하는 여섯 가지 핵심 요소는

- 자기 수용: 자신을 있는 그대로 받아들이는 태도
- 목적 있는 삶: 삶에서 의미와 방향성을 찾는 능력
- 개인적 성장: 지속적으로 배우고 성장하려는 태도
- 긍정적인 대인관계: 깊고 친밀한 인간관계를 유지하는 능력
- 자율성: 외부의 기대에 휘둘리지 않고 스스로 결정할 수 있는 능력
- 환경 통제: 자신이 처한 환경을 효과적으로 관리하는 능력

이다.

이러한 요소들은 개인의 내면적 만족감을 높이고, 외부 환경 변화에도 안정적인 행복을 유지할 수 있도록 도와준다.

사회적 행복은 공동체와의 관계 속에서 느끼는 행복을 의미한다. 이는 가족, 친구, 직장 동료, 그리고 지역 사회와의 유대감 등이며, 인간은 사회적 동물이기 때문에 소속감을 느끼는 것이 매우 중요하다. 사회적 유대는 특히 스트레스 상황에서 큰 힘이 될 수 있다. 예를 들어, 어려운 시기에 친구나 가족으로부터 받는 위로는 개인의 스트레스 수준을 낮추고 회복력을 높인다.

행복과 삶의 만족은 스스로 자신의 삶을 얼마나 긍정적으로 평가하는지가 중요하다. 이는 주관적인 요소로, 과거 경험, 현재 상황, 그리고 미래에 대한 기대치에 따라 달라질 수 있으며, 재정적 안정, 건강, 직업 만족도, 대인관계와 같은 여러 요인에 의해 영향을 받는다. 하지만 중요한 점은 삶의 만족도가 반드시 객관적인 조건에 의해 결정되는 것은 아니라는 것이다. 같은 상황에서도 어떤 사람은 만족감을 느끼고, 다른 사람은 그렇지 않을 수 있다. 이는 개인의 관점과 태도가 중요한 역할을 한다는 것을 보여준다.

또한 행복은 정서적, 심리적, 사회적 요소가 복합적으로 작용하는 결과물이다. 이러한 구성 요소를 균형 있게 관리하고 발전시키는 것은 개인의 행복 수준을 높이는 데 필수적이다. 행복은 단순히 외부 조건에 의존하는 것이 아니라, 개인의 노력과 태도를 통해 강화될 수 있다.

우리는 무엇으로 행복해지는가?

PART 2

●

과학적 측면에서의 행복

심리학적 관점

심리적 관점에서 행복은 단순히 일시적인 감정 상태가 아니라 인지적, 정서적, 사회적 요인의 복잡한 상호작용이다. 삶을 가치 있게 만드는 것이 무엇인지 이해하는 데 전념하는 분야인 긍정심리학은 만족스럽고 의미 있는 삶에 도움이 되는 요소를 식별하는 것을 목표로 행복을 광범위하게 연구해 왔다.

심리적 관점에서 행복은 쾌락적 행복과 자아 성찰적 행복 두 가지로 나눌 수 있다. 쾌락적 행복은 즐거움, 고통의 부재, 삶의 만족에 중점을 두며 자아 성찰적 행복은 삶의 목적, 개인적 성장, 자신의 가치에 부합하는 삶을 강조한다.

행복은 유전적 요인과 생물학적 요인에 의해서도 영향을 받는다. 행복 수준의 차이 중 일정 부분은 유전적이지만 환경적, 후천적 요인도 중요한 역할을 한다. 도파민, 세로토닌, 옥시토신과 같은 신경 전달 물질은 즐거움, 유대감, 만족감과 관련되어 있으며, 행복한 감정을 형성하는 데 있어 호르몬과 뇌의 역할도 중요하다.

행복은 자신의 경험을 인식하고 해석하는 방식에서도 영향을 받는데 감사, 낙관주의, 회복력의 영향이 크며, 감사하는 사람은 삶의 긍정적인 측면에 집중하는 경향이 있어 만족도가 높은 편이다. 낙관주의는 우리에게 희망을 갖고 살아가게 하며, 회복력은 우리가 어려운 상황에서도 어려움을 이겨 나갈 수 있게 해준다.

유전적 요인과 더불어서 의도적인 활동을 통해 행복감을 크게 향상시킬 수 있다. 명상, 산책, 여행, 친절한 행동 등은 행복감을 증진시키며, 의미 있는 목표를 설정하고 꾸준하게 노력하는 것도 지속적인 행복에 도움이 된다. 우리는 본질적으로 사회적 존재이며 좋은 인간관계는 행복에 큰 영향을 미친다. 긍정적인 상호작용, 강력한 사회적 연결, 유대감이 높은 커뮤니티는 정서적 안정감과 소속감을 제공한다.

생물학적 요소

 행복의 과학측면에서 생물학적 요인은 개인의 행복과 관련된 중요한 역할을 하는데 유전적 요소, 신경전달물질, 뇌 구조, 그리고 호르몬 등이다.

 먼저, 유전적 요인은 행복에 영향을 미치는 중요한 요소이다. 개인의 행복 수준은 약 30~50% 정도가 유전적으로 결정된다고 한다. 특정 유전자는 뇌에서 신경전달물질의 생산과 조절에 영향을 미쳐 감정과 기분에 변화를 일으킨다. 영국 에든버러 대학의 알렉산더 웨이스 박사는 일란성 쌍둥이와 이란성 쌍둥이 900쌍을 대상으로 한 연구에서, 유전자가 행복과 관련된 성격적 특징에 50%의 영향을 미친다는 결과를 발표하기도 했다. 행복과 관련된 성격적 특징만으로 보면 행복의 뿌리는 유전자에 있지만

50%는 생활환경, 건강, 직업, 대인관계와 같은 외부적인 요인에 영향을 받는다고 보아야 한다.

신경전달물질도 행복에 중요한 역할을 하는데 세로토닌은 기분 안정과 행복감을 유지하는 데 중요한 역할을 하며, 도파민은 동기부여와 보상 시스템과 관련이 있으며 엔돌핀은 고통을 줄이고 긍정적인 마음을 갖는데 도움을 준다고 한다.

뇌 구조 또한 행복과 밀접한 관계가 있다. 전두엽과 같은 특정 뇌 영역이 긍정적인 감정과 관련이 있으며 특히 전두엽의 활성화 수준은 긍정적인 감정과 행복감을 높이는 중요한 지표이며, 해마는 긍정적인 기억을 저장하고 유지하는 역할을 한다.

호르몬은 행복과 스트레스 반응을 조절하는 또 다른 생물학적 요인이다. 옥시토신은 "사랑의 호르몬"으로 알려져 있으며, 인간관계에서의 친밀감과 신뢰를 증진시키며, 반대로, 코르티솔과 같은 스트레스 호르몬은 과도하게 분비될 경우 부정적인 감정을 증가시키고 행복을 저해할 수 있다. 따라서 호르몬의 균형은 행복과 직접적으로 관련이 있다.

이 외에도 신체적 건강은 행복과 밀접하게 연결되어 있다. 규칙적인 운동은 신경선달물질괴 엔돌핀 분비를 촉진하여 긍정적인 기분을 유도하며, 충분한 수면은 뇌의 회복과 정서적 안정에 필수적이다. 또한, 건강한 식단은 뇌 기능을 활성화시키고 행복감을 높이는 데 도움을 준다.

결론적으로, 행복의 과학적 측면에서 생물학적 요인들은 우리의 기분, 감정, 그리고 삶의 만족도를 형성하는 중요한 기초이다. 이러한 요인들은 서로 복잡하게 상호작용하며, 환경적 요인과 함께 우리의 행복을 결정짓는 데 중요한 역할을 한다.

사회 및 문화적 영향

행복의 과학적 측면에서 사회적 및 문화적 요인은 개인과 집단의 행복을 형성하는 데 핵심적인 역할을 한다. 생물학적 및 심리적 요인이 중요하긴 하지만, 행복은 더 넓은 사회적 및 문화적 맥락 속에서 경험되고 이해된다. 이러한 요인은 사회적 규범, 인간관계, 가치관, 그리고 문화적 전통을 통해 나타난다.

행복은 단지 개인의 내면적 상태나 유전적 요인에만 국한되지 않는다. 현대 사회과학 연구에 따르면, 인간의 행복은 그가 속한 사회와 문화적 환경의 영향을 크게 받는다. 이는 인간이 본질적으로 사회적 존재이며, 타인과의 관계 속에서 의미와 만족을 찾기 때문이기도 하다. 다시 말해, 행복은 '나'라는 개인을 넘어서

'우리'라는 집단과 그 안에서 형성되는 가치, 규범, 관계의 영향을 깊이 받는다.

첫째, 사회적 관계는 행복의 중요한 기반이다. 가족, 친구, 이웃, 동료와의 긍정적인 관계는 개인의 정서적 안정과 삶의 만족도를 높인다. 하버드 대학교에서 약 80년간 진행된 '성인발달연구Harvard Study of Adult Development'는 이를 잘 보여준다. 연구 결과에 따르면 돈, 명예, 직업적 성공보다 사람들의 삶에 장기적으로 영향을 미치는 가장 강력한 요인은 '좋은 인간관계'였다. 외로움은 스트레스 호르몬인 코르티솔 수치를 높이고, 이는 신체 건강뿐 아니라 정신 건강에도 부정적 영향을 끼친다.

"외로움은 죽음을 부른다. 흡연이나 알코올 중독만큼이나 강력하다."

— 로버트 월딩어 박사, 하버드 의대 정신과 교수

반면, 정서적으로 지지받는 사회적 관계는 뇌의 보상 시스템을 자극해 도파민 분비를 촉진시키며, 이는 행복감을 느끼는 데 직접적인 역할을 한다.

둘째, 문화적 가치관과 사회 규범 또한 행복에 결정적인 역할을 한다. 개인주의 문화와 집단주의 문화는 행복을 정의하고 추구하는 방식에서 차이를 보인다. 서구의 개인주의 문화에서는 개인의 성취, 자아실현, 독립이 중요한 행복의 요소이다. 반면 동아시아를 비롯한 집단주의 문화에서는 타인과의 조화, 공동체 속의 소속감, 가족 및 사회에 대한 책임감이 더 큰 가치를 지닌다. 우리나라의 경우, 가족의 안정, 타인과의 관계 유지, 사회적 지위 등이 삶의 만족도에 강한 영향을 미친다는 연구 결과도 있다. 따라서 한 사회가 어떤 문화를 지니고 있는지는 구성원 개개인의 행복도 수준이 다르다.

셋째, 사회 제도와 정책 역시 개인의 행복에 실질적인 영향을 끼친다. 교육 제도, 의료 복지, 노동 환경, 주거 안정성 등은 국민 전체의 삶의 질에 영향을 미친다. 예를 들어, 북유럽 국가들은 높은 세금에도 불구하고 전 국민의 기본 생활을 보장하는 복지 제도를 통해 높은 삶의 만족도를 유지하고 있다. 사회적 안전망이 탄탄할수록 사람들은 미래에 대한 불안을 덜 느끼고, 이는 곧 현재의 행복감으로 연결된다.

또한, 문화와 미디어를 통한 사회적 비교는 행복에 긍정적인 면과 부정적인 면이 함께 한다. 현대 사회는 SNS를 통해 타인의 삶을 실시간으로 접할 수 있게 되었고, 이는 비교를 통한 상대적 박탈감을 유발할 수 있다. 특히 청소년이나 젊은 층에서는 외모, 소득, 학력, 인기도 등 다양한 지표에 있어 비교 대상이 많아질수록 자존감이 낮아지고 행복감이 줄어드는 현상이 나타난다. 반대로 공동체 내에서 비교보다는 협력과 연대의 문화가 강조될 때, 사회 전체의 행복 수준은 상승할 수 있다.

마지막으로, 사회적 인식과 태도 변화도 행복에 긍정적 영향을 미친다. 예를 들어, 정신 건강에 대한 인식이 개선되고 치료 접근성이 향상될수록 사람들이 자신의 감정 상태를 외면하지 않고 도움을 청할 수 있게 된다. 이는 감정적 안정뿐만 아니라 삶의 만족도를 높이는 데 큰 도움을 준다.

결론적으로, 행복은 결코 개인의 노력만으로 완성되는 것이 아니라, 나를 둘러싼 사회적 관계, 문화적 가치관, 제도적 환경, 그리고 내가 속한 공동체의 분위기까지 모두가 상호작용하며 개인의 행복을 만들어간다. 따라서 행복을 논할 때, 우리는 개인의 마음뿐 아니라 사회 전체의 구조와 문화를 함께 바라보아야 한다. 행복감은 결국 '함께 잘 사는 법'을 모색하는 과정 속에서 더욱 단단해지고 풍성해진다.

우리는 무엇으로 행복해지는가?

PART 3

●

행복을 만들어 가는 방법

내 인생을 바꾸는 자기성찰

 행복은 우리가 끊임없이 추구하는 삶의 궁극적 목표 중 하나이다. 하지만 진정한 행복을 얻기 위해서는 삶의 외적인 조건뿐만 아니라 내적인 변화가 필요하다. 내면의 변화를 이루기 위해 가장 중요한 과정은 바로 자기성찰이다. 성찰은 나의 삶과 행동, 감정을 깊이 돌아보는 과정으로, 이를 통해 자신의 진정한 욕구와 가치를 발견할 수 있다. 성찰은 단순한 생각이 아니라, 현재의 나를 돌아보고 앞으로 나아가기 위한 과정이다.

자기성찰은 먼저 '잠시 멈춤'에서 시작된다. 바쁘게 살아가다 보면 우리는 자주 자신을 놓치고 산다. 하루하루를 살아내느라 마음의 소리를 듣지 못한 채 외부의 요구와 타인의 시선을 따라가게 된다. 그러나 행복은 타인이 아닌 '나'로부터 시작되는 것이기에, 잠시 멈추고 나 자신을 돌아보는 시간이 필요하다.

지금 나는 어떤 감정을 느끼고 있는가?
내 삶에 만족하는가?
내가 진짜 원하는 것은 무엇인가?
이런 질문을 스스로에게 던지는 것이 자기성찰의 시작이다.

나도 어느 순간 삶이 무의미하게 느껴졌던 적이 있다. 겉으로는 안정된 삶을 사는 것 같았지만, 마음 깊은 곳에서는 허전함과 불만이 자리 잡고 있었다. 그때 처음으로 스스로에게 질문을 던졌다.

"나는 왜 이 일을 하고 있는가?",
"내가 진정으로 원하는 삶은 어떤 모습인가?"

그렇게 나 자신을 하나하나 들여다보며, 무심코 지나쳤던 감정들과 욕구, 상처들을 마주하게 되었다. 그 과정은 쉽지 않았지만,

오히려 그 안에서 내가 진짜 누구인지 조금씩 알아갈 수 있었다.

자기성찰은 나의 장점뿐 아니라 약점과 두려움까지도 있는 그대로 보여준다. 처음엔 이런 나의 모습이 불편하고 부끄럽게 느껴질 수 있다. 하지만 있는 그대로의 나를 받아들이는 용기야말로 진정한 변화의 출발점이다. 자기성찰을 통해 나는 내가 완벽하지도 않고, 완벽하지 않아도 괜찮다는 사실을 알았다. 중요한 것은 스스로를 꾸짖는 것이 아니라, 인정하고 이해하며 더 나은 방향으로 나아가고자 하는 노력이다.

또한 자기성찰은 새로운 선택을 가능하게 만든다. 자신의 내면을 들여다보면, 내가 왜 특정한 행동을 반복하는지, 왜 같은 실수를 되풀이하는지를 알 수 있다. 그리고 그런 패턴을 인식하고 더 나은 방향으로 바꿀 수 있는 기회를 얻게 된다. 예를 들어, 늘 남의 기대에 맞추려 노력했던 내가, 이제는 나의 진짜 욕구를 따라 선택할 수 있게 되었고, 내가 아니라고 생각할 때에는 NO라고 할 수 있는 용기를 가질 때, 삶은 더 이상 타인의 것이 아니라 나의 것이 된다.

자기성찰은 또한 인간관계를 변화시킨다. 나 자신을 이해하게 되면, 다른 사람을 이해하는 눈도 함께 열린다. 내가 상처받았던 방식이 다른 사람에게도 상처가 될 수 있음을 알게 되고, 상대의 입장에서 생각할 수 있는 여유가 생긴다. 이로 인해 갈등은 줄어들고, 진심 어린 소통이 가능해진다. 행복은 혼자만의 감정이 아니라, 관계 속에서 더욱 풍성해지는 것이기에 자기성찰은 행복한 인간관계를 위한 필수 조건이다. 물론 자기성찰은 단 한 번의 되돌아 봄으로 끝나는 것이 아니다. 삶의 매 순간, 우리는 끊임없이 변화하고 성장해야 하기 때문에, 그에 맞춰 지속적으로 나 자신을 돌아봐야 한다. 매일 짧은 시간이라도 '오늘 나는 일상을 통하여 어떤 감정을 느꼈는가', '무엇을 감사하고 후회하는가'를 생각해보는 습관은 내면을 건강하게 만들고 삶을 단단하게 다져준다.

 나는 이제 자기성찰을 통하여 나를 솔직하게 마주할 수 있는 소중한 시간을 가지게 되었고, 그 시간 속에서 나는 진정으로 원하는 삶의 방향을 찾고, 내면의 평화와 만족을 경험하게 되었다. 그리고 그 감정이 바로 내가 찾던 행복이라는 것을 알게 되었다.

 행복은 멀리 있지 않다. 지금 이 순간, 나 자신을 솔직하게 바라보고, 삶의 의미를 되새기는 데서부터 시작된다. 자기성찰은 나를 치유하고, 성장하게 만든다. 그래서 나는 오늘도 나자신에게 묻는다. "지금 나는, 진짜 나답게 살고 있는가?

 때로는 내가 나를 모른다. 우리는 나를 잘 알고 있다고 생각하지만, 살아가다 보면 예상치 못한 상황에서 전혀 다른 모습의 '나'를 발견할 때도 있다. 어떤 선택을 할지 분명히 알고 있다고 여겼던 순간에도 막상 선택의 갈림길에 서면 흔들리기도 하고, 어떤 감정을 느낄지 예상했지만 전혀 다른 감정이 밀려와 당황하기도 한다. 때로는 타인의 말이나 행동에 예상보다 크게 상처받거나, 반대로 무심할 것 같던 일에 깊이 감동받으며 스스로 놀라기도 한다. 이런 경험을 통해 우리는 깨닫는다.

'나는 나를 정말 알고 있는 걸까?'

자기 자신을 아는 일은 평생의 숙제와도 같다. 나이를 먹을수록 더 깊이 알게 될 것 같지만, 오히려 살아갈수록 모르는 부분이 많아진다고 느껴진다. 젊었을 때는 확고했던 가치관이 시간이 지나며 변하기도 하고, 분명한 신념이라 믿었던 것이 어느 순간 흔들리기도 한다. '나는 원래 이런 사람이야'라고 정의 내렸던 모습이 사실은 환경과 관계 속에서 만들어진 일시적인 모습일 수도 있다.

그렇다면, 내가 나를 모르는데 남은 얼마나 알겠는가? 우리는 종종 다른 사람을 너무 쉽게 판단한다. 단편적인 행동이나 몇 마디 말로 상대를 규정하고, 그 사람이 그럴 것이다 짐작하며 선을 긋는다. 하지만 정작 나 자신도 잘 모르는 상태에서 타인을 이해하고 평가하는 것이 과연 가능할까? 어쩌면 우리는 서로를 오해한 채 살아가고 있는지도 모른다.

　나는 나의 길을 가고 다른 사람은 그의 길을 간다. 이 세상에는 수많은 사람이 있고, 저마다 다른 삶을 살아간다. 우리는 같은 시대, 같은 사회에 속해 있지만, 결국은 각자의 길을 걸어가는 존재다. 내가 중요하게 여기는 가치가 남에게는 아무 의미가 없을 수도 있고, 남이 간절하게 원하는 것이 내겐 전혀 필요 없는 것일 수도 있다.

　자신을 잘 모르는 상태에서 남과 비교하거나 남의 길을 따라가려 하면 쉽게 흔들린다. 반대로, 내가 선택한 길이 유일하게 옳다고 믿고 남에게 강요하는 것도 옳지 않다. 우리는 서로 다른 환경에서 다른 경험을 하며 살아가기에, 세상을 바라보는 시선도, 선택하는 방식도 다를 수밖에 없다.

　때때로 우리는 상대방이 내 생각과 다르다고 해서 틀렸다고 단정짓는다. 그리고 나와 같은 길을 가지 않는 사람을 이해할 수 없다고 여긴다. 하지만 어쩌면 나도 내 길을 완전히 이해하지 못한 채 걸어가고 있을지도 모른다. 서로 다름을 인정하고 각자의 길을 존중하는 것이야말로 성숙한 태도가 아닐까?

그렇다면 우리는 어떻게 하면 나 자신을 더 잘 알 수 있을까? 가장 중요한 것은 자신을 돌아보는 성찰의 시간을 갖는 것이다. 내가 어떤 순간에 기쁨을 느끼고, 어떤 상황에서 불안해지는지를 관찰하는 것만으로도 나를 이해하는 데 도움이 된다. 또한, 다양한 경험을 통해 자신을 탐색할 필요가 있다. 같은 환경, 같은 관계 속에서만 머무르면 새로운 내 모습을 발견하기 어렵다. 여행을 떠나거나 새로운 사람을 만나거나 새로운 도전을 해보면서 내가 몰랐던 나를 찾아가는 과정이 필요하다.

그리고 무엇보다도, 있는 그대로의 나를 받아들이는 태도가 중요하다. 우리는 완벽하지 않다. 때로는 나 자신을 이해하지 못하는 순간이 와도 괜찮다. 중요한 것은 그런 순간에도 나를 부정하지 않고, 있는 그대로 인정하는 것이다.

당신은 당신의 길을, 나는 나의 길을 걸어간다. 서로를 억지로 이해하려 애쓰기보다, 각자의 삶을 존중하며 걸어가는 것이 더 나은 관계를 만드는 방법이다. 그래야 언젠가 우리의 길에서 다시 만나더라도, 그때는 조금 더 성숙한 모습으로 서로를 바라볼 수 있다.

의미있는 목표 설정

 행복은 우리들이 일상의 삶에서 추구하는 궁극적인 가치이지만 행복이 단순히 외부의 조건이나 일시적인 만족감에 의해 좌우되는 것이 아니며, 자신의 내적 성장을 추구하고, 의미 있는 삶을 살아가는 과정에서 더 큰 행복을 발견할 수 있다. 그 과정에서 중요한 한 가지 방법이 바로 목표를 설정하는 것이다.

 우선, 의미있는 목표란 자신이 진정으로 중요하게 생각하는 가치와 연결된 목표를 말한다. 단순히 사회적 기대에 부응하거나 다른 사람들과의 비교를 통해 설정된 목표는 오히려 스트레스와 좌절감을 가져올 수 있다. 반면, 자신의 내적 동기와 열정을 기반으로 한 목표는 삶의 방향성을 제시하고 성취감을 높여준다. 예를 들어, 직장에서의 승진이나 재산의 증식과 같은 외적인 성공보다는, 자신의 성장, 가족과의 유대 강화, 또는 지역사회의 긍정적인 변화에 기여하는 것과 같은 내적인 가치에 중점을 둔 목표가 더 지속적이고 진정한 행복감을 가져다줄 수 있다.

둘째, 의미있는 목표를 설정하기 위해서는 구체적이고 실현가능한 목표를 세우는 것이 중요하다. 목표가 너무 막연하거나 비현실적이라면, 그 목표는 오히려 우리를 무기력하게 만들 수 있다.

'스마트SMART 원리'는 시간 관리를 위해 목표를 세우는 과정에서 실천력이 높은 목표를 세울 수 있는 원리인데 스마트 원리에 따른 좋은 목표의 다섯 가지 특성은 다음과 같다.

- **Specific**: 목표는 구체적이고 명확해야 한다.
    예) 나는 체중을 감량하겠다. (X)
    → 한 달에 1kg 감량을 목표로 1년 동안 다이어트를 실행하겠다. (O)

- **Measurable**: 목표는 측정가능한 것이어야 한다.

예) 나는 날씬한 몸을 가지겠다. (X)

→ 체지방량을 5kg 감량하고, 근육량을 1kg 증가시키겠다. (O)

- **Achievable**: 목표는 달성할 수 있는 것이어야 한다.

    예) 일주일 동안 한 끼도 밥을 먹지 않겠다. (X)

    → 일주일 동안 평소 먹던 쿠키 간식을 끊고, 식사량을 20% 줄이겠다. (O)

- **Relevant**: 목표는 최종적인 결과와 관련성이 높아야 한다.

    예) 체중 감량을 위해 100m 달리기 기록을 15초로 앞당기겠다. (X)

    → 체중 감량을 위해 일주일에 3일 이상 40분 동안 유산소 운동을 하겠다. (O)

- **Time-bound**: 목표는 마감 시간이 정해져 있어야 한다.

    예) 최대한 빨리 살을 빼겠다. (X)

    → 올해 안에 5kg을 감량하고, 3년에 걸쳐 정상 체중 범위에 이르겠다. (O)

셋째, 목표는 단순히 달성하는 것만이 아니라 그 과정 자체에서 행복을 느끼는 것이 매우 중요하다. 목표를 향해 노력하는 과정에서 얻는 배움과 성장은 우리의 삶에 깊이를 더해준다. 또한, 목표가 도달해야 할 '끝점'이 아니라 삶을 지속적으로 이끌어주는 나침반이라는 관점을 가지는 것이 중요하다. 이렇게 하면 목표를 이루지 못했을 때 오는 실망감도 줄이고, 매 순간을 더 즐길 수 있다.

  마지막으로, 목표를 설정할 때 혼자가 아니라 주변 사람들과 함께 공유하고 협력하는 것도 중요하다. 가족, 친구, 동료들과 목표를 공유하고 서로를 격려하며 협력하는 과정은 목표 달성 이상의 기쁨을 준다. 이와 더불어, 우리의 목표가 다른 사람들에게도 긍정적인 영향을 미친다면 그 자체로도 큰 보람과 행복감을 느낄 수 있다.

  나의 행복을 위해서 목표를 설정하는 것은 단순한 성공을 넘어, 더 큰 행복을 추구하는 강력한 도구다. 자신의 가치와 열정에 기반한 목표를 세우고, 그 목표를 향해 나아가는 과정에서 성장과 만족을 경험하며, 이를 통해 진정한 행복을 발견할 수 있을 것이다.

긍정적인 습관 만들기

 행복은 단순히 주어진 운명이나 일시적인 감정 상태가 아니며, 행복은 우리의 삶의 방식, 사고방식, 그리고 습관에서 시작된다. 특히 긍정적인 습관을 만드는 것은 지속적인 행복을 만들어내는 좋은 방법이다.

1) 긍정적인 습관의 중요성
 습관은 우리 삶의 많은 부분을 차지한다. 매일 반복되는 작은 행동과 선택이 우리의 삶의 질에 큰 영향을 미친다. 긍정적인 습관은 스트레스를 줄이고, 자존감을 높이며, 더 나은 관계를 만들어가도록 도와주며, 좋은 습관은 의식적인 노력 없이도 쉽게 행동할 수 있기 때문이다.

2) 좋은 습관을 만들기 위한 기본 원칙

첫째, 작게 시작하자. 큰 변화를 시도하는 것보다 작은 변화로 시작하는 것이 좋다. 예를 들어, 하루에 10분이라도 감사 일기를 쓰거나 명상을 시작하는 것은 부담 없이 지속할 수 있는 좋은 출발점이 된다.

둘째는 일관성을 유지하자. 좋은 습관 형성의 핵심은 반복이다. 처음에는 의식적으로 노력해야 하지만, 시간이 지남에 따라 자동화되어서 매일 같은 시간에 같은 행동을 하면 습관이 더 빨리 만들어진다.

셋째, 명확한 목표를 설정하자. 목표가 명확해야 좋은 습관을 더 쉽게 만들 수 있다. 예를 들어, "더 건강해지고 싶다"라는 막연한 목표보다는 "하루에 30분씩 걷겠다"라는 구체적인 목표가 실천 가능성이 높다.

마지막으로 보상 시스템을 활용하자. 새로운 습관을 형성하는 과정에서 자신을 격려하고 보상하는 것은 큰 도움이 된다. 작은 성취에도 자신을 칭찬하거나 즐거운 일을 시작해 보자.

3) 행복을 위한 좋은 습관

첫째, 감사하는 습관이다. 감사는 행복의 시작이다. 삶 속에서 이미 가지고 있는 것들에 대해 감사할 줄 알면, 부족함보다는 충만함이 보인다. 매일 아침 눈을 떴을 때, 잠들기 전 하루를 돌아보며 감사한 일을 떠올려보자. 비록 사소한 일이더라도 "감사하다"는 마음을 품는 순간, 마음이 따뜻해지고 삶은 더욱 풍요로워진다.

둘째는 긍정적인 말과 생각을 하는 습관으로 말은 마음을 반영하고, 생각은 행동을 이끈다. "나는 할 수 있다", "오늘도 잘 살아냈어" 같은 긍정적인 말과 생각은 삶을 좋은 방향으로 이끈다. 부정적인 상황에서도 긍정의 씨앗을 찾는 연습을 하다 보면, 점차 문제를 해결할 수 있는 힘이 난다. 긍정은 단순한 기분 전환이 아니라, 행복한 인생을 설계하는 힘이다.

셋째, 건강한 몸은 건강한 마음을 만든다. 매일 조금이라도 몸을 움직이면 뇌가 활발해지고 기분도 좋아진다. 간단한 스트레칭, 걷기, 가벼운 운동은 에너지를 높이고 우울감도 줄여준다. 특히 자연 속에서 걷는 시간은 마음을 안정시키는 데 큰 도움이 된다. 행복은 때로 두 다리로 걷는 평범한 순간에 숨어 있다.

넷째, 감정을 솔직하게 마주하는 것이다. 감정을 무시하거나 억누르면 언젠가 마음속에서 병이 된다. 내가 지금 기쁘다면 그 기쁨을 충분히 누리고, 슬프다면 그 슬픔을 인정하고 다독여야 한다. 자신의 감정을 솔직하게 마주하고 표현하는 사람은 내면이 단단하다.

다섯째는 독서와 자기성찰이다. 행복한 삶을 위한 지혜는 책과 나 자신 안에 있다. 매일 조금씩이라도 책을 읽는 습관은 삶을 바라보는 눈을 깊고 넓게 만들어준다. 더불어 하루를 정리하며 "나는 오늘 하루를 어떻게 보냈는가?"를 스스로에게 묻는 자기성찰의 습관은 성장과 변화의 기회를 제공한다. 책 속의 한 줄, 자기성찰 속의 작은 깨달음이 삶의 방향을 바꿔놓기도 한다.

여섯째, 좋은 관계는 삶을 더욱 따뜻하게 만들어준다. 소중한 사람들과의 관계는 시간이 지날수록 돌봄이 필요하다. 바쁘더라도 안부를 묻고, 마음을 나누고, 진심 어린 관심을 표현하는 습관은 관계를 깊게 만들고, 외로움을 줄여준다. 인간관계 속에서 오는 위로는 행복한 삶의 중요한 기반이다.

마지막으로 꾸준함과 작은 실천을 중시하는 것이다. 행복은 갑자기 다가오지 않는다. 매일 조금씩, 그러나 꾸준히 실천하는 삶의 태도가 행복으로 이어진다. 거창한 목표보다, 작은 실천을 지속하는 힘이 중요하다. 하루에 10분 명상하기, 물 많이 마시기, 휴대폰 내려놓고 책 읽기처럼 소소한 행동들이 쌓여, 결국 인생을 변화시킨다. 꾸준함은 느리지만 확실한 행복의 길이다.

  이 일곱 가지 습관은 우리가 매일의 삶 속에서 실천할 수 있는 작고 소중한 선택들이다. 처음엔 어색할 수도 있지만, 행복습관 만들기 체크리스트를 활용하여 꾸준히 이어간다면 어느 순간부터 삶이 조금 더 행복해지고 따뜻해짐을 느끼게 될것이다. 결국 행복은 멀리 있는 것이 아니라, 오늘 내가 만드는 좋은 습관 속에 있다 .

행복습관 만들기 체크리스트

항 목	1일	2일	3일	4일	5일	6일	7일
하루에 한 번 감사할 일 3가지 적기							
하루 30분 이상 가볍게 몸을 움직이기							
균형 잡힌 식사를 하고 물 충분히 마시기							
수면시간을 일정하게 유지하고 충분히 자기							
가족, 친구, 이웃에게 따뜻한 말 건네기							
하루에 10분이라도 새로운 것을 배우기							
자연 속에서 시간 보내기							
스스로에게 작은 선물 주기							
나의 감정과 생각을 솔직하게 표현하기							
하루에 한 번 나만의 여유 시간 갖기							
현재의 순간을 온전히 즐기며 살아가기							

※ 항목은 개인별로 다르므로 내가 추구하는 목표로 체크리스트를 만들어서 작은 실천을 하나씩 늘려가기를 권장한다.

자비롭고 용서하는 자세

　내가 행복하기 위해서는 나에게 잘못한 사람을 용서하는 것이 반드시 필요하다. 남을 미워하면서 불행하게 살 것인지, 용서하고 나서 잊어버리고 행복하게 살 것인지는 나의 선택이다. 나에게 잘못한 이를 내가 용서하면 나의 실수나 잘못도 용서받을 수 있고, 용서하지 않으면 나도 마찬가지로 용서받을 수 없다.

　1) 조건 없이 타인을 용서하라.
　매우 어려운 일이지만 나의 행복을 위해서 조금이라도 앙금이 남은 사람들을 모두 용서하고 마음을 깨끗하게 비워라. 용서는 반드시 자신을 위해서, 마음의 평안을 위해서 해야 한다. 타인에게 증오심을 품으면 증오심이 그들이 아니라 나에게 상처를 준다. 나의 의식 속에서 증오가 곪도록 내버려 두면 정말로 심각한 결과로 이어질 수 있다. 그러니 타인을 용서하라. 이 첫걸음을 내디디지 못하면 나머지 단계는 실행할 이유가 없다.

2) 자신을 용서하라

친절한 눈으로 자신을 바라보라. 그동안의 바보 같은 행동, 다른 사람에게 준 고통, 당혹감, 과거의 실수에 대해 자신을 완전하게 용서하라. 마음을 깨끗하게 비우고 거울을 보며 자신을 용서하라. 우리의 가장 나쁜 비판자는 바로 자신이고 남보다 자신에게 가혹하기 쉽다. 하지만 원망은 아무런 도움도 되지 않는 파괴적인 감정이다.

3) 자신의 장점에 눈을 돌려라.

하루를 불만으로 시작할지 자신감으로 시작할지는 나의 선택에 달려 있다. 가능하다면 긍정과 자신감으로 시작하는 것이 현명한 선택이다. 물론 살다 보면 잘 풀리지 않는 날도 있기 마련이지만 불만이 아니라 자신감으로 하루를 시작하는 것이 여러모로 훨씬 더 낫다.

4) 자신의 속도로 가라.

다른 사람이 무엇을 하고 있는지 무엇을 가지고 있는지는 신경 쓰지 말고 자신의 속도로 나아가라. 나의 속도는 다른 사람의 속도와 다르다. 어떤 사람보다는 빠르고 어떤 사람보다는 느리다. 다른 사람은 신경쓰지 마라.다른 사람보다 앞서 간다고 우쭐거리거나 죄책감을 느낄 필요도 없다. 남들에게 맞추려고 일부러 속도를 늦추는 사람을 바보다. 자신의 속도로 가라. 자신이 원하는 삶을 살고, 벌고 싶은 만큼 벌고, 하고 싶은 것을 하라. 타인의 삶이 아닌 내 삶을 살아가라. 다른 사람들이 그들의 삶을 어떻게 사는지는 신경 쓸 필요가 없다.

5) 자신에게 친절하게 대하라.

바쁜 삶 속에서 우리는 자신을 지나치게 몰아붙이며 때로는 자기 자신에게 가장 가혹한 비평가가 되기도 한다. 하지만 나의 행복을 위해서는 무엇보다 자기 자신에게 친절해지는 것이 중요하다. 자기 자신을 따뜻하고 이해심 있게 대하는 것은 내면의 평화와 진정한 만족을 체험하는 핵심 요소이다. 자기 자신에게 친절하다는 것은 자신의 약점과 실수를 받아들이고, 그것을 성장의 기회로 삼는 태도를 의미한다. 스스로를 비난하는 대신 격려하고 위로하는 자세는 스트레스를 줄이고 정서적 회복력을 높이는 데 도움을 주며 불완전함을 받아들이며, 완벽하지 않아도 괜찮다는 사실을 인정하는 데서 시작된다. 자기 자신에게 친절하면 더 높은 자존감을 가지게 되고, 자신에 대한 믿음이 깊어진다. 이는 목표를 추구하는 과정에서도 더 큰 동기와 지속성을 부여하며, 실패를 두려워하지 않게 만들어준다. 자기 자신에게 친절해지는 것은 사소해 보일 수 있지만, 그것이 가져오는 변화는 매우 크다. 스스로에게 친절함으로써 내면의 평화를 키우고, 더 큰 행복과 만족을 누릴 수 있다. 완벽하지 않아도 괜찮다는 사실을 받아들이고, 자신을 있는 그대로 사랑하며 하루하루를 살아가자. 진정한 행복은 자기 자신에게 친절해지는 순간부터 시작된다.

6) 불완전함 받아들이기

완벽함을 추구하는 현대 사회에서, 자신의 불완전함을 받아들이는 것은 쉽지 않은 일이다. 그러나 완벽주의는 종종 우리의 행복을 가로막는 걸림돌로 작용하며 불완전함을 인정하고 받아들이는 것은 자신을 있는 그대로 사랑하는 첫걸음이며, 지속적인 행복의 핵심이다.

먼저, 불완전함을 받아들인다는 것은 실패나 실수를 두려워하지 않는 태도를 의미한다. 누구나 실수를 통해 배우고 성장한다. 실패는 우리 삶의 필수적인 부분이며, 이를 받아들일 때 우리는 자기비판에서 벗어나 긍정적인 변화를 향한 길을 찾을 수 있다.

둘째, 불완전함을 받아들이면 자신에 대한 기대를 현실적으로 바꿀 수 있다. 너무 높은 기대는 스트레스와 좌절로 이어질 수 있지만, 현실적인 목표를 설정하면 작은 성취를 통해 기쁨을 느낄 수 있으며 자존감을 높이고, 우리의 삶에 더 큰 만족감을 느끼게 한다. 또한, 자신의 불완전함을 받아들일 때 타인의 불완전함도 자연스럽게 수용할 수 있게 된다. 이는 더 깊고 의미 있는 인간관계를 형성하는 데 도움을 주고 공감과 이해를 바탕으로 한 인간관계는 서로의 단점을 보완하며 더 큰 행복을 느낄 수 있게 한다.

마지막으로, 불완전함을 받아들이는 것은 삶을 보다 진정성 있게 살아가는 길이다. 우리는 더 이상 사회적 기준에 맞추려 애쓰지 않고, 자신만의 가치와 기준에 따라 살아갈 수 있으며 내면의 평화와 행복으로 이어진다.

불완전함을 받아들이는 것은 용기 있는 선택이다. 완벽하지 않아도 괜찮다는 사실을 인정할 때, 우리는 진정한 행복과 자유를 누릴 수 있다.

오늘 하루와 일주일을 행복하게 살기

행복은 먼 미래에만 있는 것이 아니라, 오늘 하루와 일주일 안에서도 충분히 느낄 수 있는 감정이다. 우리가 하루와 일주일을 행복하게 사는 방법은 작은 습관과 태도에서 시작된다.

1) 오늘 하루를 행복하게 만드는 방법
- 감사로 시작하는 아침

아침에 눈을 떴을 때, 하루를 긍정적으로 시작하려면 먼저 감사하는 마음을 가져보자.

"오늘도 건강하게 하루를 시작할 수 있어서 감사합니다."

"따뜻한 햇살과 공기를 마실 수 있어서 감사합니다."

감사는 하루의 시작을 긍정적이고 따뜻한 에너지로 채우는 좋은 방법이다.

• 작은 목표 세우기

하루를 만족스럽게 보내려면 달성 가능한 작은 목표를 설정하는 것이 좋다. 예를 들어, "오늘은 책 한 페이지를 읽겠다.", "오늘은 운동 30분을 하겠다."처럼 작고 구체적인 목표를 세우고 이를 실천해보자.

• 자신을 위한 시간 가지기

바쁜 일상 속에서도 자신을 위한 시간을 내는 것이 중요하다. 좋아하는 음악을 듣거나 커피를 마시며 잠시 휴식하는 시간, 산책하면서 자연을 즐기는 것도 몸을 가볍게 하고 행복을 느끼게 한다.

• 타인에게 친절 베풀기

행복은 주는 것에서 더 커진다. 오늘 하루 동안 주변 사람에게 작은 친절을 베풀고 동료에게 따뜻한 말을 건네고, 필요한 도움을 주는 행동은 나와 타인 모두에게 도움이 된다.

• 하루를 정리하며 감사하기

하루를 마무리할 때, 오늘 있었던 좋은 일을 떠올리며 감사하는 시간을 가져보자.

"오늘 점심에 동료들과 맛있는 음식을 먹어서 좋았다."
"친구와 웃으며 대화할 수 있어 행복했다."

이러한 감사의 습관은 하루를 긍정적으로 하루를 마무리하도록 도와준다. 나는 주로 저녁식사후에 인근 학교 잔디밭 운동장을 산책하면서 하루를 정리하는 시간을 가지고 있다.

2) 일주일을 행복하게 만드는 방법
- 주간 계획 세우기

일주일을 행복하게 보내려면 미리 계획을 세우는 것을 추천한다. 월요일 오전에 이번 주에 이루고 싶은 목표를 세우고 일과 휴식, 취미 시간을 적절히 배분해 균형 잡힌 한 주를 계획한다. 일주일이라는 시간은 내가 하고 싶은 일을 할 수 있는 적당한 시간이다.

- 새로운 도전 시도하기

행복은 새로운 경험에서 오는 경우가 많다. 일주일의 시간은 새로운 것에 도전하기에 적정한 시간이다. 새로운 요리를 해보거나, 고전이나 전문서적을 읽는 것도 좋다. 작은 도전이지만, 성취감을 통해 삶에 활력을 불어넣을 수 있다.

- 건강한 생활 습관 유지하기

몸과 마음은 연결되어 있다. 건강한 생활 습관을 통해 몸이 건강해지면 마음도 행복해진다. 매일 규칙적으로 운동하기: 30분 정도의 가벼운 산책이나 스트레칭만으로도 기분이 좋아진다. 건강한 음식 챙겨 먹기: 영양소가 풍부한 음식을 골고루 섭취하면 더 활기찬 일주일을 보낼 수 있다.

- 소중한 사람들과 함께하기

가족, 친구, 동료 등 가까운 사람들과 식사를 함께하거나, 간단한 전화 통화를 통해 안부를 묻는 것만으로도 마음이 따뜻해지며 사랑과 우정을 나누는 시간은 행복감을 배가시킨다.

- 긍정적인 마음 유지하기

일주일 동안 예상치 못한 어려움이 있을 수 있지만, 이를 긍정적으로 바라보자. 문제를 성장의 기회로 받아들이고, 해결하려는 적극적인 태도로 "이번 주는 도전이 많았지만, 이를 통해 더 단단해 졌다"는 마음가짐이 필요하다.

3) 행복하기 위해 피해야 할 것들

첫째, 완벽주의이다. 행복을 위해 모든 것을 완벽하게 하려고 노력할 필요는 없다. 작은 실수나 부족함을 받아들이고, 이를 통해 새로운 것을 배울 수 있다.

둘째는 자신을 다른 사람들과 비교하는 생각을 버리고 자신만의 속도와 방향을 기준으로 하루하루를 즐기며 살아가자.

셋째, 부정적인 감정이다. 부정적인 감정이 들 수 있지만, 이를 오랫동안 끌어안지 말고 부정적인 생각을 인정한 뒤, 이를 해소하거나 긍정적인 방향으로 전환하려고 노력하자.

천천히 행복하게 살기

 우리는 종종 "시간이 너무 빨리 간다"는 말을 자주한다. 하루, 한 달, 한 해가 순식간에 지나가고, 쉴 틈 없이 바쁜 일상 속에서 우리가 진정으로 추구해야 할 행복과 삶의 의미를 놓치기 쉽다. 삶의 속도를 조금 늦추고, 천천히 살아보자. 천천히 살기는 단순히 게으르게 사는 것이 아니라, 더 깊이 있고 의미 있는 삶을 선택하는 것이다.

 천천히 산다는 것은 단순히 일을 적게 하거나 시간을 낭비하는 것이 아니다. 오히려 현재의 순간을 온전히 느끼고, 삶의 본질에 더 가까워지는 것을 의미한다.

- **현재에 집중하기:** 미래의 걱정이나 과거의 후회에 매몰되지 않고, 지금 이 순간에 온전히 집중하는 것
- **의미 있는 선택:** 무조건 많은 것을 이루려 하기보다, 자신에게 진정으로 중요한 것에 집중하며 살아가는 것
- **속도의 재조정:** 무작정 빠르게 달리는 삶이 아닌, 때로는 멈추고 쉬며 자신을 돌보는 시간을 가지는 것이다.

왜 우리는 천천히 살지 못할까? 오늘날 우리 사회는 자본주의 경제의 주축인 기업들 간의 경쟁으로 빠른 속도와 효율성을 추구한다.

- **끊임없는 경쟁:** 학교에서, 직장에서, 심지어 일상에서도 더 나은 성과를 내기 위해 경쟁하며 살고 있다.
- **사회적 압박:** "더 많이, 더 빨리"라는 압박 속에서 결과가 없으면 뒤처진다고 느끼게 만든다.
- **디지털 환경:** 스마트폰과 인터넷의 발달로 모든 정보가 빠르게 공유되며, 우리도 그 속도에 맞추려 한다.

이러한 환경 속에서 우리는 자연스럽게 빠른 속도에 익숙해지고, 느림의 가치를 잊게 된다. 하지만, 삶을 천천히 살기 위해서는 일부러 속도를 줄이는 노력이 필요하다.

천천히 여유롭게 사는 삶은 우리에게 다양한 방식으로 행복을

선물한다.

첫째, 생활속에서 소소한 즐거움을 발견할 수 있다. 빠르게 달리는 동안 우리는 길가에 핀 꽃이나 창밖의 아름다운 풍경 같은 작은 기쁨을 놓치기 쉽다. 천천히 살면 이러한 소소한 순간들을 느끼고 감사할 수 있는 여유가 생긴다.

둘째, 스트레스가 줄어든다. 빠른 속도로 살아가는 일상은 과도한 스트레스와 불안을 동반하지만, 천천히 살면 마음의 여유가 생기고, 스트레스가 줄어든다.

셋째, 더 깊은 인간관계를 만든다. 삶의 속도를 늦추면 주변 사람들과 더 깊이 교감할 수 있으며 바쁨 속에서 놓치기 쉬운 대화를 통하여 공감을 만들 수 있다.

넷째, 자기 자신을 되돌아볼 수 있다. 천천히 살면 자신의 내면을 들여다보고, 진정으로 원하는 것이 무엇인지 찾을 수 있고 이는 자아 발견과 성장으로 이어진다.

천천히 살기 위해서는 의식적인 노력이 필요한데 몇 가지 실천 방법을 소개하고자 한다.

첫째, 일의 우선순위를 정한다. 우선순위를 정하고 불필요한 일들은 과감히 줄이는 것이 필요하다. 모든 것을 다 하려고 하지 말고, 자신에게 진정으로 중요한 것에 집중한다.

둘째, 현재에 집중한다. "지금 이 순간"에 집중하는 습관을 길러보자. 예를 들어, 식사할 때는 음식을 천천히 음미하며 먹거나, 산책할 때는 주변의 소리와 풍경에 집중한다.

셋째, 일상에서 작은 변화를 시도하자. 빨리 걷기보다는 천천히 걸어보고, 일정을 촘촘히 잡기보다는 여유를 가진다.

넷째, 잠시 멈춤의 시간을 가지자. 바쁜 일상에서도 잠시 멈추고 쉬는 시간을 가지는 것이 중요하다. 커피 한 잔을 마시며 생각에 잠기거나, 복식호흡을 하고 명상하는 시간을 늘린다. 천천히 사는 삶은 단순히 여유로움을 의미하는 것이 아니다. 오히려 빠르게 돌아가는 세상에서 속도를 줄이는 것은 큰 용기가 필요한 일이다. 하지만 우리는 생의 마지막에 "더 많은 일을 했어야 했는데"라고 후회하기보다, "더 많이 느끼고, 더 많이 사랑했어야 했는데"라고 후회하는 경우가 많다고 한다. 그러므로 지금부터라도 삶의 속도를 줄이고, 소중한 순간들을 만끽하며 살아가는 용기를 내보자.

천천히 사는 삶은 단순히 속도를 늦추는 것이 아니라, 삶의 본질을 바라보고, 현재를 온전히 느끼며 살아가는 것이다. 이는 더 많은 행복과 만족감을 가져다준다. 바쁘게 달려가기만 했던 삶의 방향을 잠시 멈추고, 자신에게 진정 중요한 것을 찾아보자. 천천히 살기로 결심한 순간, 당신은 이미 행복에 한 걸음 더 가까워진 것이다.

혼자서도 행복하기

과거에는 가족이나 공동체 중심의 삶이 일반적이었지만, 지금은 개인의 자유와 독립성이 중요하게 여겨진다. 따라서 사람들은 혼자 있는 시간을 더 많이 갖게 되었고, 혼자 밥을 먹거나 술을 마시는 문화도 자연스럽게 자리 잡았다. 이러한 변화 속에서 우리는 혼자서도 행복할 수 있는 방법을 찾아야 한다. 단순히 외로움을 견디는 것이 아니라, 적극적으로 행복을 찾는 것이 중요하다. 그렇다면 혼자서도 행복한 삶을 위해 우리는 어떻게 해야 할까?

개인주의의 확산은 다양한 요인에 기인한다. 경제적 변화, 기술 발전, 가치관의 변화 등이 복합적으로 작용하면서 사람들은 더 이상 공동체 중심의 삶을 당연하게 여기지 않는다. 예를 들어, 1인 가구의 증가와 더불어 '혼밥(혼자 밥 먹기)'과 '혼술(혼자 술 마시기)'이라는 단어가 일상적인 개념이 되었다.

과거에는 혼자 밥을 먹거나 술을 마시는 것이 어색하거나 부끄러운 일로 여겨졌다. 그러나 요즘은 혼자만의 시간을 즐기는 사람들이 많아지고, 이를 위한 공간과 서비스도 다양해졌다. 1인용 식당, 혼술을 위한 작은 바, 혼자 여행하는 문화 등이 대표적이다. 이러한 변화는 개인주의가 단순히 타인과의 관계를 단절하는 것이 아니라, 자기 자신을 더 깊이 이해하고 존중하는 과정이다.

하지만 문제는 개인주의가 때때로 고립감을 초래할 수도 있다는 점이다. 혼자 있는 시간이 많아질수록 외로움을 느끼는 경우도 많다. 그렇다면 우리는 어떻게 하면 혼자서도 만족스러운 삶을 살 수 있을까?

먼저, 혼자 있는 시간을 부정적으로 보지 않는 것이 중요하다. 사회적 관계가 줄어든다고 해서 반드시 불행한 것은 아니다. 오히려 혼자 있는 시간은 나 자신을 돌아보고 성장할 수 있는 기회가 될 수 있다. 예를 들어, 혼밥이나 혼술을 단순히 외로운 행위로 생각하기보다 자신을 위한 작은 휴식으로 받아들이는 태도가 필요하다. 좋아하는 음식을 먹으며 책을 읽거나, 음악을 들으며 와인을 마시는 등 혼자만의 시간을 즐기는 방법을 찾아보자.

둘째 자기 자신을 위한 취미를 만들자. 행복을 외부에서 찾는 것이 아니라, 내면에서 찾는 것이다. 따라서 혼자서도 즐길 수 있는 취미를 갖는 것이 중요하다. 독서, 요리, 운동, 그림 그리기, 악기 연주 등 스스로 만족할 수 있는 활동을 찾으면 혼자 있는 시간이 더 이상 지루하거나 외롭지 않다. 특히, 창작 활동은 내면의 만족감을 높여준다. 글을 쓰거나 그림을 그리는 것은 나의 감정을 표현하는 좋은 방법이며, 이러한 과정에서 자기 자신을 더 깊이 이해할 수 있다. 또한, 등산, 오름트래킹, 올래걷기 등 운동을 통해 몸과 마음을 건강하게 유지하는 취미도 적극 추천한다.

셋째 자기 자신을 돌보는 습관을 만들어 보자. 혼자서도 행복하기 위해서는 자기 자신을 돌보는 습관이 필요하다. 규칙적인 생활을 유지하고, 건강한 식습관을 갖추며, 충분한 휴식을 취하는 것이 중요하다. 또한, 명상이나 산책을 통해 마음을 다스리는 것도 도움이 된다. 자기 자신을 아끼고 사랑하는 것은 타인과의 관계에서도 긍정적인 영향을 준다. 나 자신이 만족하고 행복할 때, 타인과의 관계에서도 안정감을 느낄 수 있다.

넷째, 적절한 사회적 관계를 만들어 가자. 혼자 있는 시간이 많아진다고 해서 인간관계를 완전히 단절할 필요는 없다. 오히려 균형 잡힌 인간관계는 혼자서도 행복할 수 있는 기반이 된다. 깊이 있는 관계를 유지하면서도, 필요할 때는 혼자만의 시간을 가질 수 있는 능력이 필요하다. 가끔은 친구나 가족과 소통하며 정서적인 교감을 나누고, 필요할 때는 혼자만의 시간을 보내는 것이 이상적이다. 개인주의가 강해졌다고 해도, 인간은 사회적 존재이므로 타인과의 관계를 완전히 포기하는 것은 바람직하지 않다.

혼자 있는 시간을 어떻게 받아들이느냐에 따라 행복의 정도는 달라진다. 누군가는 외로움 속에서 불행을 느끼지만, 또 다른 누군가는 그 속에서 자유와 만족을 찾는다. 따라서 우리는 혼자 있는 시간을 능동적으로 활용하고, 그 속에서 즐거움을 발견해야 한다. 무엇보다 중요한 것은 자기 자신을 소중히 여기는 마음가짐이다. 다른 사람의 시선을 의식하기보다는 내가 진정으로 원하는 것이 무엇인지 고민하고, 그것을 실천하는 것이 행복의 열쇠이다. 예를 들어, 혼자 여행을 떠나 새로운 경험을 해보는 것도 좋은 방법이다. 낯선 곳에서 나만의 시간을 보내며 자신을 돌아볼 수 있고, 새로운 환경에서 다양한 것들을 배울 수도 있다. 또한, 혼자 영화를 보거나 카페에서 시간을 보내는 것도 소소한 행복이다.

혼자 있는 시간을 긍정적으로 받아들이고, 자기 자신을 위한 취미를 찾으며, 균형 잡힌 사회적 관계를 유지하는 것이 혼자서도 행복한 삶을 사는 방법이다. 결국, 행복은 외부 조건에 의해 결정되는 것이 아니라, 나 자신이 어떻게 생각하고 행동하느냐에 따라 혼자서도 충분히 행복할 수 있다. 중요한 것은 그 행복을 찾기 위한 노력을 기울이는 것이다. 혼자 있는 시간을 의미 있게 보내고, 자기 자신을 사랑하는 법을 배우며, 일상에서 작은 행복을 발견하는 것이야말로 진정한 행복의 시작이다.

행복과 함께 걷기

우리 삶에서 가장 기본적인 활동 중 하나인 '걷기'는 단순한 이동 수단이 아니라 건강과 행복을 동시에 가져다주는 소중한 습관이다. 걷는 순간, 우리의 몸과 마음은 긍정적인 변화로 더 나은 삶을 향해 나아간다. 최근에서는 자동차 이용이 늘어나서 빠른 속도와 편리함을 추구하면서 걷기가 어려워지고 있지만, 걷기는 여전히 우리에게 신체적, 정신적 건강을 지키는 좋은 운동이다.

1) 걷기가 주는 신체적 건강

걷기는 남녀노소 누구나 쉽게 할 수 있는 운동이다. 특별한 장비나 기술이 필요하지 않으며, 어디서든 쉽게 할 수 있다. 걷기의 가장 큰 장점 중 하나는 심혈관 건강을 증진시키는 효과이다. 최근에는 맨발걷기 운동을 하는 사람이 늘어나고 있어 매우 바람직하게 생각하며 규칙적으로 걷는 습관을 들이면 심장과 폐의 기능이 강화되고 혈액순환이 원활해져 고혈압, 심장병, 당뇨병과 같은 만성질환을 예방할 수 있다. 또한, 걷기는 체중 조절에도 도움이 된다. 빠르게 걸으면 칼로리 소모량이 증가하고 신진대사가 활발해지면서 체지방이 줄어든다. 특히, 규칙적으로 걷기를 실천하면 근육이 강화되고 유연성이 증가하여 전반적인 신체 균형이 개선된다. 앉아 있는 시간이 많아지면서 생기는 요통이나 관절 통증도 걷기를 통해 완화될 수 있다. 또한, 걷기는 면역력을 높이는 데에도 효과적이다. 연구에 따르면 하루 30분 정도의 걷기는 면역 세포의 활동을 증가시켜 감기나 각종 질병으로부터 몸을 보호하는 역할을 한다고 한다. 규칙적인 걷기는 단순히 신체를 움직이는 것이 아니라 우리 몸 전체의 기능을 활성화하고 건강을 유지하는데 도움이 된다.

2) 걷기가 주는 정신적 행복

걷기가 단순한 운동을 넘어 마음의 건강에도 큰 영향을 미친다. 바쁜 일상 속에서 걷는 시간은 스스로를 돌아볼 수 있는 소중한 기회가 된다. 지난달부터 주말에는 삼양해수욕장 모래사장을 맨발로 걷고 있는데, 파도소리를 들으면서 검은모래 사장을 걸으면서 자연의 소리를 듣고 신선한 공기를 마시면 스트레스가 해소되고 마음이 안정되는 것을 느낀다. 걷기는 뇌의 활동을 촉진시켜 창의력을 높이는 데에도 도움이 된다. 걷는 동안 뇌로 가는 혈류가 증가하고 신경전달물질이 활성화되면서 사고력과 집중력이 향상되므로, 중요한 결정을 내리거나 고민이 많을 때 산책을 하면 더 나은 해결책을 찾을 수 있다. 또한, 걷기는 우울증과 불안을 완화하는 데에도 효과적이다. 걷는 동안 우리 몸은 '행복 호르몬'이라 불리는 엔돌핀과 세로토닌을 분비하는데, 이는 기분을 좋게 하고 스트레스를 낮추는 역할을 한다. 특히, 맑은 날 걷기를 하면 햇빛을 통하여 비타민 D가 생성되면서 더욱 긍정적인 기분을 유지할 수 있다.

3) 걷기를 통한 관계 형성

걷기는 혼자서도 좋지만, 함께할 때 더 큰 행복을 느낄 수 있다. 가족, 친구, 연인과 함께 산책을 하면 자연스럽게 대화가 이어지고 유대감이 깊어진다. 걷기 중에는 스마트폰이나 다른 방해 요소에서 벗어나 온전히 자연과 서로에게 집중할 수 있기 때문에 더욱 의미 있는 소통이 이루어진다.

4) 걷기를 실천하는 방법

걷기의 효과를 극대화하려면 몇 가지 실천 방법을 고려할 필요가 있다. 먼저, 하루 최소 30분 이상 걷는 습관을 들이면서 처음에는 짧은 거리부터 시작해 점차 시간을 늘려가며 무리하지 않는 것이 좋다. 걷기의 질을 높이기 위해 바른 자세를 유지하는 것도 중요하다. 등을 곧게 펴고 시선을 정면으로 유지하며 걸으면 척

추 건강에도 좋고 걷기의 효과를 극대화할 수 있다. 또한, 걸을 때는 일정한 속도를 유지하고 팔을 자연스럽게 흔들며 걷는 것이 도움이 된다. 또한 가능하다면 자연 속에서 걷는 것이 좋다. 공원, 숲길, 해변 등 자연 속에서 걷기를 하면 신체적 건강뿐만 아니라 정신적 안정감도 얻을 수 있다. 자연 속에서 걷는 것은 스트레스 해소와 심리적 안정에 큰 도움을 준다. 지속적인 걷기를 위해 목표를 설정하고 걸으면 성취감을 느낄 수 있다. 예를 들어, 하루 일만보 걷기를 목표로 설정하고 이를 달성하면 자신감과 만족감이 커진다.

5) 걷는 순간 행복이 찾아온다.

걷기는 단순한 운동을 넘어 삶을 더욱 건강하고 행복하게 만드는 힘을 가지고 있다. 걷는 동안 우리는 몸을 움직이며 건강을 관리하고, 마음을 정리하며 정신적 안정을 찾는다. 또한, 주변 사람들과 좋은 관계를 만들어서 사회적 행복을 느낄 수 있다.

감사하는 마음으로 살기

우리는 흔히 '무언가를 얻었을 때', '원하는 일이 이루어졌을 때' 행복하다고 말한다. 하지만 그런 행복은 잠시 스쳐가는 감정일 뿐, 오래가지 않는다. 시간이 지나면 익숙해지고, 더 많은 것을 원하게 되며, 다시 부족함을 느낀다. 나는 오랜 경험과 성찰 끝에, 행복은 밖에서 오는 것이 아니라 내 마음 안에서 자라는 것임을 깨달았다. 그리고 그 중심에는 '감사'가 있다.

감사하는 마음은 내가 이미 가진 것들을 소중하게 여기는 것이다. 우리는 종종 당연하게 여기는 것들인 건강, 가족, 친구, 평범한 일상이야말로 진정한 행복의 시작이라는 사실을 놓치고 산다. 아침에 눈을 뜰 수 있음에, 따뜻한 밥을 먹을 수 있음에, 누군가와 인사를 나눌 수 있음에 감사하는 마음을 가지면, 그 하루는 특별해진다. 그고 대단한 일이 없어도 마음이 편안하고 따뜻해진다. 그것이 바로 행복의 시작이다.

　예전에는 나도 행복을 멀리서 찾으려 했다. 더 나은 직업, 더 많은 수입, 더 큰 집, 더 좋은 환경을 원했다. 물론 그런 것들도 중요하다. 하지만 그것들이 모두 충족되어도 감사하는 마음이 없다면, 만족하지 못하고 더 큰 욕심에 사로잡힌다. 반면, 지금 가진 것에 감사할 줄 아는 사람은 가진 것이 많지 않아도 행복하다. 이처럼 감사는 욕심을 다스리고 마음의 평화를 가져다주는 지혜이다.

　감사하는 마음은 또 하나의 선물을 준다. 그것은 '관계의 회복'이다. 우리는 살아가며 가족, 친구, 동료들과 때로는 오해하고 다투기도 한다. 하지만 감사하는 마음을 가지면, 그들의 존재 자체가 얼마나 소중한지 다시 보게 된다. 부모님이 나를 위해 해주신 많은 일들, 친구가 건넨 따뜻한 말 한마디, 동료의 배려 이 모든 것이 새롭게 느껴지고 고맙게 여겨진다. 그렇게 감사의 눈으로 이웃들을 바라보면, 마음이 열리고 관계가 부드러워진다. 말 한마디, 미소 하나가 사람 사이를 따뜻하게 만든다.

　또한, 감사하는 삶은 나 자신을 성장시킨다. 실패나 고통 속에서도 배움과 의미를 찾을 수 있기 때문이다. 인생이 뜻대로 되지 않을 때, 우리는 쉽게 불평하고 좌절한다. 하지만 그런 순간에도 "이 경험을 통해 내가 무엇을 배울 수 있을까?"라고 자문해 보면, 상황을 바라보는 시각이 달라진다. 고통마저도 감사의 시선으로 바라보면, 그것은 나를 더 단단하게 만드는 자양분이 된다. 그렇게 나의 내면은 점점 깊어지고, 더 큰 행복을 받아들일 수 있는 사람이 된다.

나는 매일 잠들기 전, 하루 동안 감사한 일 세 가지를 떠올려 보며 감사기도를 드리고 잔다. 아주 사소한 것들 따뜻한 햇살, 우연히 들은 좋은 음악, 누군가의 친절한 말 한마디가 하루의 피로를 씻어주고 미소 짓게 만든다. 이런 작은 습관이 쌓이면서 나는 점점 긍정적인 사람이 되어가고, 삶을 대하는 태도도 달라졌다. 무엇보다도, 그런 마음이 나를 행복하게 만든다.

결국, 행복은 조건이 아니라 태도다. 감사하는 태도를 가질 때, 우리는 어떤 상황 속에서도 삶의 아름다움을 발견할 수 있다. 그리고 그 마음은 우리 자신뿐 아니라, 주변 사람들까지도 따뜻하게 만든다. 나의 행복을 위해, 그리고 우리 모두의 행복을 위해, 나는 오늘도 감사하는 마음으로 살아가고자 노력하고 있으며, 그것이야말로 진정한 행복으로 가는 길이라고 믿는다.

복식호흡으로 마음 챙기기

우리나라는 농경사회에서 산업사회로 빠르게 변화함에 따라, 우리는 대부분 바쁜 일상에서 현재의 행복한 순간들을 놓치며 살아간다. 과거의 후회와 미래에 대한 불안 속에서 우리의 마음은 흔들리고, 그로 인해 행복감을 느끼기 어려울 때가 많다. 이러한 상황에서 마음챙김은 우리의 삶에 균형과 평온을 가져다주며, 더 깊은 행복을 경험할 수 있도록 도와준다.

마음챙김은 개인의 내적 환경이나 외부세계의 자극과 정보를 알아차리는 의식적 과정이다. 남방 불교어인 빨리어의 사띠sati를 영어로 번역한 말로서 사띠는 알아차림awareness, 주의attention, 기억remembering 등의 뜻을 내포하고 있으며, 인간의 의식적 과정을 말한다.

알아차림은 개인의 내적 환경이나 외부세계의 자극 또는 정보들을 감지하는 의식의 레이더 역할을 한다. 많은 자극 중에서 필요한 자극이나 정보를 의식적으로 알아차림으로써 그 자극이나 정보에 집중하게 되는 과정이다.

알아차림과 주의는 아주 밀접하게 관련이 되어 있고 따로 떼어 구분하기가 힘들며 이 과정을 거친 정보는 기억에 저장된다. 마음챙김에서 말하는 기억은 자극이나 정보를 그냥 저장해 두는 것이 아니라 온 마음으로 그것을 받아들여 알아차림과 주의를 통하여 현재의 순간에서 온전하게 경험하도록 하는 의도적 과정을 뜻한다.

최근 심리학에서는 마음챙김을 새로운 범주의 창조, 새로운 정보에 대한 개방성, 하나 이상의 관점을 가진 알아차림 등을 포함한 인지과정으로 정의한다. 그리고 마음챙김을 근거로 한 스트레스 완화 프로그램을 개발한 대표적 연구자인 카밧진 Kabat-Zinn은 마음챙김을 순간순간 펼쳐지는 경험에 대해 의도적으로 바로 그 순간에, 평가하지 않고 주의를 기울여 알아차림으로 정의하였다.

이와 같이 마음챙김은 현재의 순간순간을 알아차리는 것, 현재 실재에 대해 의식을 생생하게 유지하는 것, 연속적인 지각의 순간들에서 우리와 우리 안에 실제로 일어나고 있는 것을 하나의 마음으로 분명하게 알아차리는 것, 순간순간의 경험에 대해 완전한 주의를 유지하는 것 등으로 정의하고 있으며, 마음챙김은 우리가 현재의 순간에 집중하도록 도와줌으로써 삶의 질을 향상시키고, 더 큰 행복을 느끼게 한다.

첫째, 스트레스가 줄어든다. 마음챙김은 스트레스의 원인을 있는 그대로 인식하고, 이에 대한 반응을 조절하도록 도와주며 과도한 걱정이나 부정적인 생각에서 벗어나, 현재의 순간을 평온하게 받아들일 수 있게 한다.

둘째, 감정 조절 능력이 향상된다. 마음챙김은 나의 감정을 더 잘 이해하고 조절할 수 있게 하고 화나거나 슬플 때, 그 감정을 있는 그대로 인정하면서도 감정에 휘둘리지 않도록 도와준다.

셋째, 삶의 만족도가 증가한다. 현재의 순간에 집중할 때, 우리는 삶에서 작은 것에도 감사와 만족을 느끼게 되고 긍정적인 경험을 늘려 행복감을 증대시킨다.

마지막으로 인간관계가 개선된다. 마음챙김은 타인과의 대화나 관계에서도 집중하게 만들어, 더 깊고 진정성 있는 관계를 형성할 수 있도록 도와준다.

※ 효과적인 복식호흡 방법

복식호흡은 깊고 안정적인 호흡을 통해 몸과 마음을 차분하게 만들고 스트레스를 줄이는 데 효과적이다. 복식호흡은 일반적인 가슴호흡과 달리 횡격막을 활용하여 깊이 숨을 들이마시고 내쉬는 방식이며, 이를 통해 산소가 효율적으로 우리 몸에 공급되어 자율신경계가 안정되며, 긴장된 몸과 감정이 이완된다.

우리가 매일 무심코 반복하는 숨쉬기. 그러나 이 당연한 행위 속에 놀라운 치유와 행복의 열쇠가 숨어 있다는 사실을 아는 사람은 많지 않다. 마음이 불안하거나 스트레스를 받을 때, 혹은 감정이 복잡할 때 가장 먼저 영향을 받는 것이 바로 호흡이다. 그만큼 호흡을 통하여 마음과 몸의 상태를 조절할 수 있다. 특히 복식호흡은 심신의 안정, 스트레스 해소, 감정 조절, 집중력 향상에 탁월한 효과가 있다.

복식호흡을 할 때 가장 중요한 요소는 횡격막이다. 횡격막은 폐 아래쪽에 위치한 근육으로, 숨을 들이마실 때 아래로 내려가면서 폐가 확장되고, 숨을 내쉴 때 위로 올라가면서 폐가 수축된다.

가슴호흡과 비교했을 때, 복식호흡은 다음과 같은 차이가 있다.

구분	가슴호흡	복식호흡
호흡방식	폐의 상부만 사용	폐 전체 사용
호흡속도	빠르고 얕음	천천히 깊음
산소공급	적음	많음
긴장완화	낮음	높음

복식호흡은 '배(복부)를 사용하는 호흡'이다. 일반적으로 우리는 가슴을 중심으로 얕게 호흡하는 경향이 있는데, 이는 불안과 긴장을 더 높일 수 있다. 반면 복식호흡은 횡격막을 활용해 숨을 깊고 천천히 들이쉬고 내쉬는 방식으로, 산소 공급이 증가하고 자율신경이 안정되어 마음과 몸 모두 편안해진다.

그렇다면 복식호흡은 어떻게 해야 효과적으로 실천할 수 있을까?

첫째, 자세를 바르게 한다. 복식호흡을 할 때는 편안한 자세가 중요하다. 의자에 앉을 경우 허리를 꼿꼿이 세우되 어깨는 긴장을 풀고 자연스럽게 내린다. 등을 등받이에 기대지 말고 발은 바닥에 평평하게 붙인다. 누워서 할 경우엔 등을 바닥에 대고 반듯하게 누워 무릎을 살짝 세우는 자세가 좋다.

둘째, 배에 손을 얹고 호흡을 느낀다. 오른손은 배 위에, 왼손은 가슴 위에 살포시 얹는다. 그리고 천천히 코로 숨을 들이쉴 때 배가 부풀어 오르고, 내쉴 때 배가 안으로 들어가는 것을 느껴본다. 이때 가슴은 최대한 움직이지 않도록 하고, 오직 배만이 부드럽게 오르내리도록 신경 쓴다.

셋째, 천천히, 그리고 규칙적으로 호흡한다. 복식호흡의 핵심은 '천천히'와 '규칙적'이다. 일반적인 권장 호흡 리듬은 4초간 숨을 들이쉬고, 4초간 멈췄다가, 6초간 천천히 내쉬는 것이다. 숨을 내쉴 때는 들이쉴 때보다 조금 더 길게 하는 것이 좋다.

넷째, 하루 5~10분만으로도 충분하다. 복식호흡은 하루 중 아무 때나 짧게라도 실천할 수 있다. 아침에 일어나기 전, 점심시간, 잠들기 전, 혹은 스트레스를 느낄 때 등 틈틈이 시간을 정해 실천해보자. 처음에는 하루 5분만 꾸준히 해도 몸과 마음이 확연히 달라짐을 느낄 수 있다.

다섯째, 호흡에 집중하며 마음챙김을 한다. 단순히 호흡을 조절하는 것에 그치지 않고, '지금 이 순간'에 집중하는 것이 마음챙김의 본질이다. 들숨과 날숨에 오롯이 집중하며 지금 내 몸과 마음의 상태를 관찰한다. "지금 나는 숨을 쉬고 있다", "내 몸이 이 숨을 통해 편안해 지고 있다"는 인식만으로도 현재에 집중할 수 있다. 다른 생각이 올라와도 억지로 없애려 하지 말고, 다시 호흡으로 돌아온다.

　복식호흡은 특별한 도구나 장소가 필요하지 않다. 다만 매일 꾸준히 실천하는 것이 중요하다. 나는 현직에 있을 때 여러 사람 앞에서 발표를 앞두고 가슴이 뛰고 호흡이 불규칙했었는데 복식호흡을 하면서부터 안정을 되찾았고, 복식호흡 습관이 마음의 안정과 평화를 가져다준다는 사실을 체험했다.

　오늘 하루도 잠시 멈추고, 나의 호흡을 들여다보자. 그 호흡 속에서 내 마음이 회복되고, 내 삶이 다시 온전해진다. 복식호흡은 단순한 호흡이 아니다. 그것은 스스로를 치유하는 시간이며, 나를 행복으로 이끄는 가장 조용하고도 확실한 습관이다.

우리는 무엇으로 행복해지는가?

PART 4

●

관계와 연결

좋은 인간관계 형성

최근 사회는 빠르게 변화하며 개인의 독립성과 자율성을 강조하는 방향으로 흘러가고 있다. 그러나 우리는 사회적 존재로, 다른 사람들과의 관계와 연결을 통해 자신의 존재 가치를 느끼고 행복을 추구한다. 좋은 인간관계를 만드는 것은 우리의 행복과 삶의 전반적인 만족도와 향상을 위해서 중요한 요소이다.

1) 인간관계와 연결의 의미

인간관계와 연결은 단순히 누군가와 함께 시간을 보내는 것을 넘어서, 진정성 있는 교류와 서로의 감정을 이해하고 존중하는 것을 말한다. 인간관계는 개인과 개인 사이의 정서적, 사회적, 그리고 심리적 유대감을 만든다.

많은 사람들은 가까운 관계에서 신뢰와 소속감을 느낄 때 더 행복하다고 말한다. 이는 관계가 단순한 사교적 활동이 아닌, 우리의 정신적 안정과 삶의 의미를 만드는데 핵심적인 역할을 한다.

2) 좋은 인간관계가 행복에 미치는 영향

우선 좋은 인간관계는 우리가 스트레스를 해소하고, 삶의 어려움을 극복하며, 긍정적인 정서를 유지할 수 있도록 돕는다. 신뢰할 수 있는 사람들과의 좋은 관계는 어려운 상황에서도 서로를 안정시켜줘서 고립된 사람보다 사회적으로 연결된 사람들은 우울증과 불안 장애의 위험이 현저히 낮아진다.

둘째는 삶의 만족도 향상이다. 좋은 인간관계를 맺은 사람들은 자신의 삶에 대해 더 큰 만족감과 단순한 물질적 성취나 성공보다 깊은 행복감을 느낀다.

셋째는 회복 탄력성 강화로 좋은 인간관계는 삶의 시련과 실패를 극복할 수 있는 힘을 주며 서로를 지지하는 네트워크는 개인의 내면적 힘을 증대시킨다.

3) 좋은 인간관계를 만드는 방법

인간은 사회적 동물이다. 우리는 타인과 관계를 맺으며 삶의 의미를 발견하고, 행복을 느낀다. 그러나 좋은 인간관계를 만드는 것은 결코 쉽지 않다. 오히려 시간이 지날수록 관계는 어긋나기도 하고, 상처를 남기기도 한다. 그렇다면 우리는 어떻게 해야 좋은 인간관계를 만들고, 오랫동안 유지할 수 있을까?

첫째, 진정한 관심을 가져야 한다. 관계는 일방적인 것이 아니라 상대적인 것이다. 상대방에게 관심을 가지고 그의 이야기에 귀를 기울이는 것은 인간관계의 기본이다. 대화를 나눌 때, 우리는 상대방의 말에 단순히 대답하는 것이 아니라, 마음을 열고 진심으로 듣는 경청하는 자세를 가져야 한다. 상대가 느끼는 감정에 공감하고, 그의 입장에서 생각해보려는 노력은 관계를 더욱 깊고 따뜻하게 만든다.

둘째, 솔직함과 존중을 함께 지켜야 한다. 인간관계에서는 솔직한 표현이 중요하다. 그러나 그 솔직함이 상대방을 상처 입히는 것이 되어서는 안 된다. 자신의 생각을 분명히 하되, 상대방을 존중하는 태도로 전달해야 한다. 비판이 필요할 때도 감정을 앞세우기보다 배려하는 마음으로 접근해야 한다. 상대방을 존중하면, 나 또한 존중받을 수 있다. 존중은 인간관계의 근간이 되는 믿음을 만들어준다.

셋째, 적절한 거리감을 유지하는 것도 필요하다. 너무 가까워지면 사소한 일에도 갈등이 생기기 쉽고, 너무 멀어지면 관계가 소원해질 수 있다. 건강한 인간관계는 서로의 경계를 인정하고 존중하는 데서 시작된다. 상대방의 개인적인 공간을 침해하지 않고, 필요한 때에는 곁을 지켜주는 것. 이것이 관계를 지속시키는 지혜이다.

넷째, 꾸준한 관심과 노력이 필요하다. 인간관계도 살아있는 생명체처럼 꾸준한 관심과 애정을 필요로 한다. 작은 안부 인사, 소소한 선물, 중요한 순간에 함께해주는 것 등은 관계를 단단하게 만드는 데 큰 역할을 한다. 단절된 시간이 길어지더라도, 먼저 손을 내밀어 다시 다가가는 용기도 중요하다. 오래 지속된 관계는 우연이 아니라, 끊임없는 노력의 결과다.

다섯째, 용서하고 이해하는 마음을 가져야 한다. 인간은 완벽하지 않다. 관계 속에서 서로에게 실망하거나 상처받는 일은 불가피하다. 이때 중요한 것은 완벽한 관계를 기대하기보다, 서로의 부족함을 이해하고 받아들이려는 태도다. 때로는 용서가 필요하고, 때로는 침묵이 이해를 대신할 수 있다. 한 번의 실수로 관계를 포기하기보다, 그 실수를 넘어설 수 있는 너그러움을 지니는 것이 진정한 인간관계를 만든다.

마지막으로, 자신을 아끼고 사랑하는 것이 중요하다. 좋은 인간관계는 자존감에서 출발한다. 자신을 존중하지 못하는 사람은 타인도 제대로 존중할 수 없다. 내 감정을 돌보고, 내 가치를 인정할 때 비로소 타인의 감정과 가치를 소중히 여길 수 있다. 자신을 사랑하는 마음은 타인에게 따뜻함과 여유를 전하고, 이는 자연스럽게 좋은 관계로 이어진다.

좋은 인간관계를 만드는 것은 단순한 기술이 아니다. 그것은 상대방을 향한 깊은 존중과 이해, 그리고 자신을 향한 사랑과 신뢰를 바탕으로 하는 삶의 태도이다. 관계를 맺고, 갈등을 겪고, 다시 화해하며 우리는 성장한다. 결국 좋은 인간관계란 완벽한 조화를 이루는 것이 아니라, 서로의 다름을 인정하고 그 안에서 함께 행복을 찾는 여정이다. 이 여정 속에서 우리는 진정한 행복을 만나게 된다.

4) 인간관계에서 피해야 할 것

인간관계와 연결이 중요하다고 해서 무조건 모든 사람과 가까운 관계를 유지할 필요는 없다.

첫째, 의존적인 관계다. 자신을 희생하며 상대에게만 맞추는 것은 건강한 관계를 해치며 관계 속에서 개인의 자율성과 균형이 필요하다.

둘째는 표면적 연결로 소셜 미디어에서의 '좋아요'와 같은 표면적인 관계는 진정한 연결을 대신할 수 없으며 실질적인 대화와 만남이 필요하다.

셋째, 부정적인 영향으로 나에게 지속적으로 스트레스를 주거나, 내 가치를 훼손하는 관계는 과감히 정리하는 것이 좋다.

5) 관계를 통해 얻는 행복

행복은 누군가와의 연결, 그리고 그 속에서 느끼는 소속감과 사랑이 행복의 핵심이며 인간은 관계를 통해 자신의 존재 가치를 확인하고, 성장과 위로를 받는다.

작은 배려와 꾸준한 관심을 통해 쌓아 올린 좋은 관계는 우리의 삶에 깊은 의미를 부여하고, 진정한 행복을 가져다준다.

행복은 우리가 맺는 인간관계와 그 안에서 연결에서 시작된다. 좋은 인간관계를 만들기 위해서는 진정성, 신뢰, 감사, 그리고 갈등 관리와 같은 노력이 필요하다. 이러한 관계를 통해 우리는 더 나은 삶을 살아가고, 궁극적으로 더 큰 행복을 누릴 수 있다. 지금 곁에 있는 사람들과의 관계를 되돌아보자. 그리고 그 관계를 더욱 깊고 풍요롭게 만들기 위해 작은 행동을 시작해 보자. 그것이 우리들의 행복을 한 단계 더 높여줄 것이다.

사회적 연결의 중요성

최근 우리 사회는 점점 더 개인의 독립성과 자율성을 강조한다. 스마트폰을 비롯한 통신기술의 발전으로 사람들은 서로 얼굴을 맞대고 소통하는 대신, 디지털 기기를 통해 간접적으로 연결되고 있으며 이러한 변화는 개인의 삶에 편리함을 가져왔지만, 동시에 관계의 본질적 중요성을 간과하게 만들었다. 그러나 행복한 삶을 위해서는 의미 있는 사회적 연결이 필수적이다.

인간은 기본적으로 다른 사람들과의 관계를 통해 자신의 정체성을 확립하고, 삶의 의미를 발견한다. 매슬로우의 욕구5단계 이론에 따르면 인간의 욕구를 피라미드형태로 설명하며, 자아실현의 욕구와 타인으로부터 존중받고 싶은 욕구, 소속, 애정의 욕구를 중요한 상위단계로 제시했다. 이는 우리가 물리적 생존을 넘어, 정서적 안정과 행복을 위해 관계를 필요로 한다는 것을 보여준다. 사회적 연결은 단순한 사교적 활동 이상으로, 인간이 서로의 감정과 생각을 공유하며 신뢰와 소속감을 느낄 수 있는 기반이 된다. 이러한 연결은 개인의 정서적 안정을 도울 뿐만 아니라, 삶에서 겪는 다양한 도전에 대처하는 데 중요한 역할을 한다.

사회적 연결의 중요한 첫째 이유는 정신적 건강과 행복이다. 사회적 연결은 행복의 핵심 요소이다. 좋은 사회적 관계를 가진 사람들은 그렇지 않은 사람들보다 스트레스를 덜 받고, 우울증과 불안 장애에 걸릴 확률이 낮다. 또한, 가까운 사람들과의 긍정적인 상호작용은 뇌에서 행복 호르몬 분비를 촉진시켜 정서적 안정을 제공한다.

둘째, 스트레스 해소로 우리들의 삶은 예기치 못한 어려움과 도전을 수반한다. 이때 신뢰할 수 있는 사람들과의 연결은 심리적 지원과 위로를 제공하며 주변 사람들과의 대화는 스트레스를 해소하고, 문제를 해결할 실마리를 찾는 데 도움을 줄 수 있다.

셋째, 삶의 만족도 향상이다. 사회적 연결은 삶의 만족도를 높인다. 물질적 풍요가 개인의 행복에 제한적인 영향을 미치는 반면, 좋은 인간관계는 지속석인 만족감을 제공하며 가족, 친구,

또는 지역 사회와의 연결은 개인에게 안정감과 소속감을 줌으로써 더 큰 행복감을 갖게 한다.

넷째, 신체적 건강으로 사회적 연결은 정신 건강뿐만 아니라 신체 건강에도 긍정적인 영향을 미친다. 고립된 사람들은 심혈관 질환, 고혈압, 그리고 조기 사망 위험이 더 높다고 한다. 반면, 좋은 인간관계를 가진 사람들은 건강한 생활 습관을 유지하고, 스트레스로 인한 신체적 영향을 줄일 수 있다.

사회적 연결은 단순히 다른 사람들과 많이 어울리는 것이 아니라, 진정성 있는 관계를 맺고 유지하는 것이다. 좋은 관계를 효과적으로 유지하는 방법을 살펴보면

첫째 진정성 있는 대화이다. 상대방의 이야기를 경청하고, 자신의 감정을 솔직히 표현하는 것이 중요하며 피상적인 대화를 넘어 서로의 삶과 가치를 공유하는 과정이 필요하다.

둘째는 감사의 표현으로 작은 일이라도 상대방에게 감사의 마음을 표현하는 것은 좋은 관계를 만든다. "감사합니다"라는 말 한마디가 신뢰와 소속감을 강화하는 데 크게 도움을 준다.

셋째, 공통의 경험 공유다. 여행, 취미 활동, 또는 프로젝트 등

공통된 경험을 함께하는 것은 사회적 연결을 강화하는 강력한 방법이다. 이러한 경험은 추억을 만들어 관계를 더욱 특별하게 만든다.

마지막으로 지역 사회 활동 참여로 봉사 활동, 지역 행사, 또는 동호회에 참가하는 것은 새로운 사람들과 연결될 기회를 제공한다. 이는 개인의 관계망을 확장하고, 공동체 의식을 높이는 데 도움을 준다.

최근에는 디지털화와 개인주의의 확산과 코로나19 펜데믹에 따른 사회적 거리두기의 영향으로 인해 사람들 간의 만남을 소홀히 하는 경향이 있다. 소셜 미디어는 빠르고 편리한 소통을 가능하게 했지만, 표면적인 연결만을 강조해 깊은 관계 형성을 방해하기도 한다. 이러한 환경에서 행복한 삶을 위해서는 의식적으로 사회적 연결을 추구하는 노력이 필요하며 관계의 질에 초점을 맞추고, 깊고 의미 있는 연결을 위해 시간을 투자해야 한다.

행복은 단순히 개인의 성취와 물질적 풍요로만 이루어지지 않는다. 진정한 행복은 사람들과의 관계와 연결 속에서 지속 가능하며, 사회적 연결은 우리의 정서적, 신체적 건강뿐 아니라 삶의 의미와 만족도를 크게 향상시킨다.

사회적 연결을 만들기 위해서는 진정성 있는 대화와 신뢰, 그리고 상호 존중이 필요하다. 또한, 요즘처럼 디지털 관계가 많은 사회에서 고립되지 않도록 의식적으로 관계를 추구하고 유지하는 노력도 필요하다.

외로움은 사회적 배고픔이다

1) 외로움과 인간관계의 중요성

인간은 사회적 동물이다. 따라서 생존을 위해서뿐만 아니라 정서적 안정과 행복을 위해서도 다른 사람과 좋은 관계가 필수적이다. 그러나 현대 사회에서는 외로움을 느끼는 사람이 점점 늘어나고 있다. 통신기술의 발전으로 소통 수단은 많아졌지만, 정작 깊이 있는 관계를 맺기는 어려워졌다. 우리는 몸이 배고프면 음식을 먹는 것처럼, 외로움이라는 사회적 배고픔이 느껴질 때 인간관계를 통해 이를 채워야 한다.

2) 외로움은 왜 사회적 배고픔인가?

첫째 인간은 사회적 동물로 본능적으로 관계를 필요로 한다.

과거 원시 시대에는 공동체 생활이 생존의 필수 요소였다. 인간은 무리를 지어 살아야만 외부의 위협으로부터 보호받고, 사냥과 채집을 통해 생존할 수 있었다. 따라서 사회적 관계를 맺고 유지하려는 욕구는 생존을 위해 우리의 본능적인 특성이다. 현대에 와서 생존이 더 이상 공동체에 의존하지 않아도 가능해졌지만, 여전히 정서적 안정과 행복을 위해 인간관계는 필수적이다.

둘째 외로움이 미치는 부정적 영향이다. 외로움은 단순한 감정이 아니라, 우리의 신체적·정신적 건강에도 직접적인 영향을 미친다. 지속적인 외로움은 스트레스 호르몬을 증가시켜 면역력을 약화시키고, 우울증과 불안 장애의 위험을 높인다. 또한, 사회적 고립은 심혈관 질환, 치매, 심지어 조기 사망의 위험을 증가시킨다. 이는 마치 음식이 부족할 때 신체가 점점 쇠약해지듯이, 외로움이라는 사회적 배고픔이 지속되면 우리의 정신과 신체가 약해지는 것과 같다.

셋째 관계의 부재는 삶의 의미를 약화시킨다. 우리가 살아가면서 경험하는 기쁨, 슬픔, 도전, 성취 등은 대부분 타인과의 관계 속에서 이루어진다. 좋은 소식을 나눌 사람이 없거나, 어려운 순간에 의지할 사람이 없다면 삶은 무미건조해질 수밖에 없다. 따라서 외로움을 방치하면 삶의 의미와 목적의식도 약해질 가능성이 높다.

3) 외로움을 채우기 위한 인간관계의 역할

첫째, 깊이 있는 인간관계가 중요하다. 최근에는 SNS와 메신저를 통해 많은 사람과 연결될 수 있다. 그러나 이러한 표면적인 연결만으로는 외로움을 완전히 해결할 수 없다. 중요한 것은 단순한 연결이 아니라, 정서적으로 깊이 있는 관계를 맺는 것이다. 깊은 인간관계는 서로의 감정을 나누고, 신뢰를 형성하며, 힘든 순간에 의지가 될 수 있는 관계다. 단순한 인맥이 아니라 진정한 친구나 가족과의 유대감이 외로움을 해소하는 데 결정적인 역할을 한다.

둘째 양보다 질적인 관계가 중요하다. 사람들은 친구나 지인이 많으면 외로움을 덜 느낄 것이라고 생각하지만, 꼭 그렇지는 않다. 중요한 것은 얼마나 많은 사람과 연결되어 있느냐가 아니라, 그 관계가 얼마나 의미 있고 진정성 있는가이다. 몇 명의 진정한 친구가 수십 명의 가벼운 관계보다 훨씬 더 큰 심리적 안정감을 준다. 따라서 관계의 질을 높이는 것이 외로움을 해소하는 핵심이다.

셋째 다양한 인간관계를 통해 균형 잡힌 삶을 만들자. 한 가지 유형의 관계만 의존하는 것은 위험할 수 있다. 예를 들어, 배우자나 연인에게만 외존하는 경우, 그 관계에 문제가 생기면 극심한 외로움을 느낄 수 있다. 따라서 가족, 친구, 동료, 지역 사회와의 다양한 관계를 형성하는 것이 중요하다. 다양한 관계를 통해 우리는 서로 다른 방식으로 위로받고, 다양한 관점을 배우며, 보다 균형 잡힌 사회적 삶을 영위할 수 있다.

4) 외로움을 극복하는 방법

첫째, 외로움을 극복하려면 인간관계를 맺기 위해 능동적인 태도를 가져야 한다. 많은 사람들이 "나를 먼저 찾아와 주길" 바라지만, 좋은 관계는 기다린다고 생기지 않는다. 먼저 연락을 하거나, 관심을 표현하며, 적극적으로 관계를 형성하려는 노력이 필요하다. 예를 들어, 동호회나 지역 커뮤니티에 참여하는 것도 좋은 방법이다.

둘째는 진정성 있는 대화를 나누고 깊이 있는 관계를 위해서는 단순한 일상 대화뿐만 아니라, 감정과 생각을 나누는 대화가 필요하다. 자신의 고민이나 기쁨을 솔직하게 공유할 때, 상대방도 마음을 열고 더 깊이 있는 관계가 형성된다. 또한, 상대방의 이야기를 경청하는 것도 중요하다. 진정으로 들어주고 공감하는 태도가 신뢰를 쌓고 관계를 지속하는 데 큰 도움이 된다.

셋째, 통신기술을 활용하되 의존하지 않는다. SNS나 메신저는 관계를 유지하는 데 유용한 도구가 될 수 있지만, 지나치게 의존하면 오히려 외로움을 심화시킬 수 있다. 온라인상에서 가벼운 대화만 나누다 보면 정작 중요한 순간에 의지할 사람이 없을 수도 있다. 따라서 가능한 한 직접 만나거나, 전화 통화 등으로 보다 깊이 있는 교류를 시도하는 것이 좋다.

넷째, 내가 바라는 것처럼 상대방에게 하라. 작은 친절이나 배려가 관계를 형성하는 데 큰 역할을 한다. 좋은 관계를 만들어 가는 가장 좋은 방법 중 하나는 상대방의 관심사를 알고 도움을 주는 것이다. 예를 들어, 주변 사람들에게 작은 선물을 하거나, 봉사활동을 통해 새로운 인연을 만드는 것도 좋다. 우리가 누군가에게 필요한 존재가 될 때, 외로움은 자연스럽게 줄어든다.

마지막으로 우리는 서로에게 필요한 존재라는 사실이다. 외로움은 단순한 감정이 아니라, 우리가 본능적으로 타인과 연결되기를 바라는 것이다. 즉, 외로움은 사회적 배고픔이며, 이를 해결하기 위해서는 적극적으로 인간관계를 맺고 유지해야 한다. 깊이 있는 관계를 형성하고, 다양한 인간관계를 통해 균형 잡힌 삶을 만들며, 타인을 위한 행동을 실천할 때 우리는 보다 행복하고 충만한 삶을 살 수 있다. 우리는 서로에게 필요한 존재이며, 함께할 때 더 큰 행복을 느낄 수 있다는 사실을 잊지 말아야 한다.

우리는 무엇으로 행복해지는가?

PART 5

●

삶의 의미와 목적 찾기

개인적 가치 발견

나는 종종 스스로에게 질문한다.

"나는 왜 존재하는가?",
"내 삶의 목적은 무엇인가?"

삶의 의미와 목적을 찾는 것은 단순한 철학적 호기심이 아니라, 우리 존재를 깊이 이해하고, 만족스럽고 행복한 삶을 살기 위한 필수적인 과정이다. 또한, 이 과정은 우리가 개인적인 가치를 발견하고, 그것을 바탕으로 살아가는 데 중요한 기반이 된다.

삶의 의미와 목적이 우리의 행복한 삶을 위하여 중요한 이유는 삶의 의미와 목적은 단순히 이론적 개념이 아니며 이는 우리의 행동과 선택을 안내하고, 어려운 시기에 흔들리지 않도록 돕는 내면의 나침반이기 때문이다.

첫째 나의 행동에 정확한 방향성을 제공한다. 삶의 목적을 찾으면 우리의 시간과 에너지를 어디에 집중해야 하는지 명확해진다. 목적 없는 삶은 이리저리 떠도는 배와 같지만, 목적을 가진 삶은 명확한 항로를 따라가며 더 큰 만족감을 준다.

둘째는 어려움에 직면했을 때 이를 극복하는 힘이 된다. 삶은 끊임없는 도전과 역경으로 가득하다. 삶의 의미와 목적은 힘든 상황에서도 우리가 흔들리지 않고 앞으로 나아갈 수 있도록 하는 원동력이 된다.

셋째, 내적인 만족감을 준다. 삶의 목적은 단순한 외적 성공보다 깊은 내적 만족감을 제공한다. 자신의 가치에 부합하는 삶을 살 때, 우리는 더 큰 행복과 충만감을 경험하게 된다.

삶의 의미와 목적을 찾기 위해서는 자신에게 깊은 질문을 던지는 과정이 필요한데 이는 자기 성찰과 탐구를 통해 이루어질 수 있다.

첫째, 나는 무엇을 소중히 여기는가? 우리의 가치는 삶의 목적을 형성하는 기초가 되는데 자신이 중요하게 생각하는 것들, 예를 들어 가족, 관계, 창의성, 또는 사회적 공헌 등은 무엇인지 깊이 고민해 보아야 한다.

둘째, 내가 가장 열정을 느끼는 것은 무엇인가? 열정은 우리의 내면에서 자연스럽게 솟아나는 에너지이다. 내가 가장 몰입할 수 있는 활동은 무엇인지, 또는 나에게 기쁨을 주는 일은 무엇인가?

셋째, 나는 무엇으로 다른 사람들에게 도움을 줄 수 있는가? 삶의 의미는 종종 자신만의 만족을 넘어 다른 사람들과의 연결과 도움에서 발견되는데 내가 가진 재능과 자원을 통해 세상에 어떤 긍정적인 변화를 가져올 수 있는지 고민해 보자.

넷째, 내가 가장 감사하게 여기는 것은 무엇인가? 감사의 마음은 우리가 진정으로 소중히 여기는 것을 깨닫게 한다. 자신의 삶에서 특별히 감사한 경험이나 사람들을 떠올려보며 그 속에서 삶의 목적을 발견할 수 있다.

삶의 의미와 목적을 찾는 과정에서 개인적인 가치를 발견하는 것은 매우 중요하다. 우리가 소중하게 생각하는 가치는 삶의 모든 선택과 행동을 이끄는 기준이 되며, 우리가 진정으로 원하는 삶을 살도록 도와준다. 가치는 개인이 삶에서 가장 중요하게 여기는 원칙이나 신념을 의미하는데 이는 물질적 성취를 넘어, 우리가 어떤 사람으로 살고 싶은지를 결정짓는 내적 기준이 된다. 예를 들어, 정직, 가족, 창의성, 도전, 또는 자율성 등이 가치의 예가 될 수 있다.

- **과거의 경험 돌아보기:** 내 삶에서 가장 만족스러웠던 순간이나, 가장 힘들었던 순간을 돌아보며 그 안에서 내가 중요하게 여겼던 가치를 찾아보자.

- **존경하는 인물 분석:** 내가 존경하는 사람들의 특징과 행동을 분석하며, 그 안에서 내가 중요하게 여기는 가치를 발견할 수 있다.

- **우선순위 작성:** 자신의 시간과 에너지를 어떻게 사용하는지 검토하며, 무엇이 자신의 삶에서 우선순위가 되는가?

가치를 발견한 후에는 그것을 나의 삶에 적용하는 것이 중요하다. 예를 들어, 가족을 가장 중요한 가치로 여긴다면, 더 많은 시간을 가족과 함께 보내는 선택을 할 수 있으며, 또는 창의성이 가치라면, 자신이 창의력을 발휘할 수 있는 일을 선택하거나, 새로운 취미를 시작하는 것이다.

삶의 의미와 목적을 찾는 과정은 우리를 더 나은 자신으로 성장하게 한다. 이는 단순히 정답을 찾는 것이 아니라, 끊임없이 자신을 탐구하고, 발견한 가치를 바탕으로 선택하며 살아가는 과정이다. 삶의 의미와 목적은 사람마다 다르다. 중요한 것은 내면의 목소리에 귀를 기울이고, 나만의 가치를 발견하며, 그것을 중심으로 삶을 살아가는 것이다. 이 과정은 때로 어렵고 시간이 걸리지만, 그 결과는 행복으로 이어질 것이다.

사회활동 참여하기

　삶의 의미와 목적을 찾는 과정에서 우리는 종종 개인의 내면에 집중한다. 하지만 우리의 존재는 사회 속에서 서로 연결되어 있으며, 우리의 행복은 사회와의 상호작용에서 시작된다. 특히, 사회활동은 단순히 개인적인 만족을 넘어, 공동체에 기여하며 더 큰 삶의 목적을 발견할 수 있다.

　삶의 의미와 목적을 찾는 일은 인간 존재의 근본적인 과제이며, 이를 위해 우리는 다양한 방법을 모색한다. 그중에서도 사회활동에 참여하는 것은 삶의 깊이를 더하고, 나 자신을 넘어선 더 큰 세계와 연결되는 중요한 길이 된다.

사회활동은 단순히 시간을 보내기 위한 일이 아니다. 그것은 내 삶을 타인과 사회에 연결시키는 가교이며, 나의 존재 이유를 구체적인 형태로 체험하게 해주는 통로이다. 우리는 사회활동을 통해 나 혼자가 아니라 더 큰 공동체의 일원임을 깨닫고, 서로의 삶에 긍정적인 영향을 미칠 수 있다는 사실을 경험하게 된다. 이 경험은 내 존재를 더욱 가치 있게 만들고, 삶에 대한 깊은 만족감 준다.

첫째, 사회활동은 자아를 발견하게 한다. 봉사활동, 마을모임, 환경보호 활동, 취약계층 지원 등 다양한 사회활동에 참여하면서 우리는 새로운 역할을 맡고, 새로운 자신을 만난다. 타인을 도울 때 느끼는 뿌듯함, 함께 문제를 해결할 때 느끼는 성취감은 책이나 이론으로는 배울 수 없는 소중한 경험이다. 이런 경험 속에서 "나는 무엇을 할 때 행복한가", "나는 어떤 가치를 소중히 여기는가"를 자연스럽게 깨닫게 된다.

둘째, 사회활동은 삶의 목표를 구체화하는 데 도움을 준다. 목표 없는 삶은 방황하기 쉽다. 그러나 사회활동을 통해 우리는 작은 실천을 통해 세상에 긍정적인 변화를 만들어낼 수 있음을 배운다. 누군가의 웃음을 이끌어 내고, 한 지역사회를 조금 더 따뜻하게 만드는 데 기여하면서, "내가 추구하는 삶은 무엇인가"를 보다 뚜렷하게 설정할 수 있다. 사회활동은 우리의 이상을 현실로 만들어주는 현장이 된다.

셋째, 사회활동은 관계를 확장하고, 새로운 세상을 만나게 한다. 나와 비슷한 고민을 가진 사람들과 만나고, 나와 전혀 다른 환경에서 살아온 이들의 이야기를 듣게 되면서 우리는 시야가 넓어진다. 다양한 사람들과의 만남은 삶을 더욱 풍요롭게 하고, 타인의 삶을 이해하면서 나 자신의 삶을 더 깊이 성찰할 수 있게 한다. 이 과정에서 우리는 서로에게 힘이 되어주고, 함께 성장하는 소중한 경험을 하게 된다.

넷째, 사회활동은 삶에 활력을 불어넣는다. 일상은 때로 반복되고 무의미하게 느껴질 수 있다. 그러나 정기적으로 사회활동에 참여하면 새로운 사람들과의 만남이 우리의 삶에 신선한 자극을 준다. 작은 변화를 만들어내는 과정 속에서 우리는 살아 있다는 생동감을 느낄 수 있다. 이는 우울감이나 무력감을 예방하는 데도 긍정적인 역할을 한다.

마지막으로 사회활동은 세상을 더 나은 곳으로 바꾸는 작은 출발점이 된다. 우리는 때때로 세상의 불평등이나 사소한 문제 앞에서 무력함을 느낀다. 그러나 사회활동은 "작은 변화라도 시작할 수 있다"는 믿음을 심어준다. 누군가에게 따뜻한 한 끼를 제공하거나, 쓰레기를 줍거나, 아이들에게 꿈을 심어주는 활동들은 작은 파장을 일으켜 결국 더 큰 변화를 만들어낸다. 이런 체험은 삶에 대한 자부심과 희망을 주며, 사회활동은 개인적인 삶의 의미와 목적을 찾는 데 중요한 역할을 한다. 이는 단순히 시간을 보내는 것이 아니라, 자신의 가치를 실천하며 공동체에 기여하고, 더 나은 세상을 만드는 데 기여하는 소중한 시간이다. 지역사회 속에서 우리는 서로 연결되어 있다. 내가 하는 작은 행동이 타인과 공동체에 미치는 긍정적인 영향을 통해 우리는 더 큰 삶의 의미를 발견할 수 있으므로 오늘부터 가까운 곳에서부터 작은 사회활동을 시작해 보자. 그 활동에서 우리는 단순히 도움을 주는 사람이 아니라, 행복한 삶의 의미를 찾아가는 좋은 기회임을 깨닫게 될 것이다.

삶의 의미와 목적은 주어지는 것이 아니라 스스로 만들어가는 것이다. 사회활동에 참여한다는 것은 그 과정을 적극적으로 살아가는 일이다. 타인과 함께하며 나를 발견하고, 세상을 바꾸려는 노력을 통해 우리는 삶의 진정한 보람을 찾는다. 그리고 그 과정 속에서 우리는 깨닫게 된다. 행복은 멀리 있는 것이 아니라, 내가 오늘 함께 웃고, 함께 땀 흘린 이 순간 속에 이미 존재하고 있다는 것을…

우리는 무엇으로 행복해지는가?

PART 6

●

회복력 강화 전략

어려움에 대처하기

　요즘 우리 사회는 빠르게 변화하며 예측할 수 없는 일로 가득하다. 특히 우리나라는 지금까지 지속적인 경제성장을 누리다가 침체국면을 지나고 있는 경제상황과 저출산 고령화 사회로 변화하는 사회환경 속에서 사람들은 다양한 도전에 직면하고, 때로는 예상치 못한 어려움에 부딪히기도 하는데 이러한 역경은 개인의 행복을 위협할 수 있기 때문에 이를 극복하기 위한 회복력을 갖추는 것이 매우 중요하다. 회복력은 어려운 상황에서 다시 일어설 수 있는 힘이기 때문이다.

　회복력은 개인이 스트레스, 트라우마, 실패, 좌절 등을 경험한 후에도 긍정적인 삶을 살아갈 수 있게 하는 능력이다. 회복력은 선천적으로 타고난 성향으로 일부 결정되기도 하지만, 후천적으로 학습을 통해 회복력을 높일 수 있는데 회복력이 높은 사람들은 다음과 같은 특성이 있다.

회복력이 높은 사람들은 대부분 긍정적인 사고방식을 가지고 있다. 긍정적으로 생각하는 사람은 어려운 상황에서도 희망을 잃지 않고 긍정적인 관점을 유지하며, 새로운 환경에서 변화에 유연하게 적응할 수 있다.
또한 강한 사회적 연결로 가족, 친구, 동료 등과의 강한 유대관계를 통해 정서적 지지를 받으며, 문제를 분석하고 실질적인 해결책을 찾아 실행할 수 있는 능력을 가지고 있다.

어려움에 대처하는 첫 번째 자세는 '있는 그대로의 현실을 인정하는 것'이다. 많은 사람들은 힘든 일이 닥치면 외면하거나, 왜 하필 나에게 이런 일이 생겼는지를 묻곤 한다. 하지만 고통을 인정하지 않으면 그것을 극복할 수 없다. 현실을 직시하는 용기, 그것이 회복력의 시작이다. 눈을 감는다고 바람이 멈추는 것이 아니듯, 괴로움을 마주하고 있는 그대로 받아들이는 태도가 필요하다.

두 번째는 '감정을 사실대로 표현하는 것'이다. 우리는 어려움을 겪을 때 슬픔, 분노, 피절 같은 감정을 느낀다. 이 감정들을 억누르거나 숨기면 오히려 내면에 병이 된다. 친한 사람과 마음을 나누거나, 글을 쓰거나, 때로는 눈물로 감정을 흘려보내는 것도 좋은 방법이다. 감정은 나약함이 아니라 인간의 표현이며, 그것을 솔직하게 드러낼 때 우리는 치유를 시작할 수 있다.

세 번째는 '자기 자신을 돌보는 습관'을 만드는 것이다. 어려운 시기일수록 우리는 자신을 돌보는 일을 소홀히 하기 쉽다. 하지만 잘 먹고, 잘 자고, 가볍게라도 운동을 하는 기본적인 자기 돌봄은 몸과 마음의 체력을 지켜주는 필수조건이다. 특히 자연 속을 걷거나, 따뜻한 차를 마시며 자신에게 다정한 말을 건네는 작은 실천은 스스로에게 위로가 된다.

네 번째는 '의미를 찾는 시도'를 멈추지 않는 것이다. 고통 속에서 "이 일이 나에게 무엇을 가르쳐주는가?"라는 질문을 던져보는 태도는 삶을 깊이 있게 만든다. 물론 그 의미는 시간이 지나서야 비로소 깨달아질 때가 많다. 하지만 의미를 찾으려는 노력 자체가 삶을 다시 일으키는 힘이 된다. 시련은 때로 우리를 단단하게 만들고, 더 넓은 시야를 갖게 하며, 타인의 아픔에 공감할 줄 아는 사람으로 성장시킨다.

마지막으로, '작은 희망을 붙드는 힘'이 필요하다. 아무리 캄캄한 밤에도 새벽은 찾아오고 고통의 시간도 언젠가는 지나간다. 이 사실을 믿고 오늘 하루 최선을 다해 살아내는 것, 그것이 회복의 발판이다. 때로는 한 송이 꽃, 한 줄의 문장, 이웃의 따뜻한 손길이 다시 살아갈 이유가 되어주기도 한다. 희망은 거창하지 않아도 좋다. 그저 오늘 하루를 버티게 하는 무언가면 충분하다.

결국 어려움에 대처하는 것은 인생을 살아가는 기술이자, 자기 자신을 성장시키는 과정이다. 상처는 우리를 아프게 하지만, 그 상처를 통해 더 깊고 단단한 사람이 되어가는 과정. 그것이 회복력의 본질이다. 우리가 살아가는 이유, 그리고 행복해질 수 있는 이유도 여기에 있다.

인생은 언제나 순조롭기만 한 여정은 아니다. 누구에게나 뜻하지 않은 시련이 찾아오고, 마음을 꺾는 역경이 우리의 삶을 뒤흔들 때도 있다. 하지만 우리는 그런 순간을 통해 더욱 단단해질 수 있다. 고통을 피하지 않고 마주하며, 그것을 넘어설 때 비로소 '성장'이라는 씨앗이 싹튼다.

역경은 우리에게 불편하고 괴로운 감정을 가져다주지만, 동시에 자기를 돌아보게 만드는 기회를 제공한다. 평온한 일상에서는 미처 들여다보지 못했던 내면의 허점과 진짜 원하는 삶의 방향을 깨닫게 되는 계기가 되는 것이다. 실패를 통해 배우는 겸손, 상실을 통해 느끼는 사랑의 소중함, 고난을 통해 단련되는 인내심은 모두 성장의 자양분이 된다.

우리가 어려움이 직면했을 때 이를 극복하고 역경을 통해 성장하는 것이 매우 중요한데 성장을 위해 가장 중요한 첫걸음은 자기 인식이라고 생각한다. 내가 왜 힘든지, 어떤 점에서 약한지를 정직하게 바라보는 것이야말로 변화의 출발점이다. 역경은 우리가 자신을 가식 없이 마주하도록 도와준다. 때로는 좌절감에 무너지고 싶어질 때도 있지만, 그 순간에 '나는 지금 무엇을 느끼고 있는가?', '이 경험으로 무엇을 배울 것인가?'라는 질문을 던지는 태도는 우리를 성숙하게 만든다.

두 번째는 관점을 바꾸는 것이다. 똑같은 고난도 어떤 이는 절망으로, 또 어떤 이는 성장의 자양분으로 받아들인다. 이는 결국 우리가 삶을 어떻게 해석하느냐에 달려 있다. 실패할 수 있는 용기와 역경을 하나의 '통과 의례'로 받아들이고, 그것이 지나간 후의 자신을 상상해 보는 일은 의외로 큰 용기를 준다. "이 또한 지나 가리라"는 단순한 문장이 때로는 마음의 버팀목이 되기도 한다.

세 번째는 지속적인 실천과 배움이다. 고난 속에서 얻은 통찰은 실천으로 이어질 때 비로소 성장으로 연결된다. 마음의 상처를 회피하지 않고 정리해 나가는 일, 더 나은 삶을 위한 노력을 포기하지 않는 자세는 우리를 한 단계 더 끌어올린다. 독서, 글쓰기, 명상, 운동, 누군가에게 마음을 열고 이야기하는 일 등은 자신을 키워가는 좋은 방법이다.

네 번째는 관계 속에서 성장하기다. 역경 속에서 우리는 진정한 사람의 얼굴을 마주하게 된다. 때로는 도움을 주는 따뜻한 손길이 있고, 때로는 상처를 주는 냉정한 시선도 있다. 중요한 것은 이 과정을 통해 인간관계의 본질을 이해하고, 나 또한 타인의 고통에 공감할 줄 아는 사람으로 성장해 가는 것이다. 인간은 함께 서로의 고통과 회복을 나누며 함께 성장해 나가는 존재다.

마지막으로, 자기 자신에 대한 신뢰이다. 역경을 이겨내고 나면 우리는 알게 된다. '나는 생각보다 강하고, 나는 다시 일어설 수 있는 사람이다'라는 믿음이 생긴다. 이 신뢰는 다음 고난 앞에서 두려움을 줄이고, 도전을 받아들이는 힘이 된다. 한 번의 시련을 견뎌낸 경험은 그 자체로 우리 삶의 자산이 된다.

결국 역경은 우리를 시험하지만, 동시에 우리를 성장시키는 소중한 시간이다. 그것을 어떻게 받아들이고 어떻게 행동하느냐에 따라 우리는 전혀 다른 사람이 될 수 있다. 고난을 딛고 일어설 때 우리는 더 단단한 사람으로 거듭난다.

회복력을 키우는 방법

회복력은 단순히 참고 견디는 능력이 아니라, 삶의 균형을 잃었을 때 스스로를 다시 중심으로 되돌리는 능력이다. 그리고 이 회복력은 의식적인 훈련과 일상의 작은 실천을 통해 키울 수 있다.

첫째, 긍정적 사고방식이다. 긍정적인 사고방식은 회복력을 높이는 핵심 요소 중 하나이며, 어려운 상황에서도 긍정적인 측면을 발견하고 이를 활용하려는 태도가 매우 중요하다.

1) 감사 연습: 매일 감사한 일을 떠올리고 기록하는 습관은 긍정적인 마음을 유지하자.
2) 자기 긍정 대화: "나는 할 수 있다", "이번 어려움도 결국 지

나갈 것이다"와 같은 긍정적인 문장을 반복하며 부정적인 감정을 완화할 수 있다.

둘째는 스트레스 관리 기술을 배우자. 스트레스는 회복력을 약화시키는 주요 요인 중 하나이며, 스트레스를 효과적으로 관리하는 기술은 회복력을 높이는 데 큰 도움을 준다.

- **명상과 복식호흡:** 규칙적으로 명상을 하거나 깊고 느린 호흡을 통해 심리적 안정감을 얻을 수 있다.
- **산책과 운동:** 가벼운 산책과 신체 활동은 스트레스 호르몬을 줄이고, 긍정적인 감정을 유도하는 엔돌핀 분비를 촉진한다.

셋째, 사회적 네트워크 강화하기이다. 주변 사람들과의 좋은 관계는 어려운 상황을 극복하는 데 많은 도움을 준다.

- **좋은 관계 유지:** 가족, 친구, 동료들과 정기적으로 소통하며, 정서적으로 정보를 주고받는 시간을 가지는 것이 중요하다.
- **도움 요청하기:** 힘든 상황에서 주변의 도움을 요청하는 것은 약점이 아니라 용기 있는 선택이다.

넷째, 문제 해결 능력 기르기로 문제를 분석하고 해결하는 능력은 회복력을 기르는데 중요한 요소이다. 문제를 작은 단계로 나누고, 단계별로 실현가능한 해결방법을 찾는다. 계획이 실패했을 경우에도 좌절하지 않고 다른 대안을 찾는 등 유연성이 필요하다.

다섯째, 신체적, 정신적 건강은 회복력을 높이는 기초가 되며, 자기 돌봄을 실천하는 것은 자신을 소중히 여기는 마음을 키우고, 어려움을 극복할 에너지를 제공한다. 건강한 식습관 유지한다. 균형 잡힌 식단은 신체와 마음의 균형을 유지하는 데 도움을 준다. 또한 충분한 휴식과 수면은 뇌의 회복과 스트레스 완화에 필수적이다.

마지막으로 유머 감각을 키우자. 유머는 긴장된 상황을 완화하고, 부정적인 감정을 긍정적으로 전환하는 데 효과적이므로 일상에서 웃을 기회를 찾고, 어려운 상황에서도 웃음을 잃지 않으려는 노력이 필요하다.

※ **회복력 강화와 행복의 관계**

회복력은 단순히 어려움을 견디는 힘이 아니라, 어려움을 통해 성장하는 능력을 말한다. 심리학에서는 이를 '외상 후 성장'이라고 부르며, 다음과 같은 긍정적인 변화를 경험할 수 있다.

- **삶의 우선순위 재조정**: 어려움을 통해 진정으로 중요한 것

이 무엇인지 깨닫게 된다. 역경을 극복한 경험은 스스로에 대한 신뢰를 높이며, 새로운 도전에 대한 자신감을 높인다.

- **인간관계의 강화:** 어려운 시기에 도움을 준 사람들과의 관계는 더 깊고 의미 있는 연결로 발전할 수 있다.

회복력은 행복한 삶을 유지하기 위한 핵심 요소이다. 이를 키우는 것은 누구나 가능하고 긍정적인 사고방식, 스트레스 관리 기술, 사회적 지지 활용, 문제 해결 능력, 그리고 자기 돌봄을 통해 회복력을 높일 수 있다. 회복력은 우리가 삶에서 마주하는 어려움을 기회로 전환하게 해주며, 이를 통해 우리는 더 강하고 행복한 사람으로 성장할 수 있다.

고통은 우리를 고귀하게 만든다

인생을 살아가다 보면 누구나 크고 작은 고통을 마주한다. 예상치 못한 실패, 사랑하는 사람과의 이별, 건강의 문제, 경제적 어려움 등 삶의 어느 순간에도 고통은 존재한다. 우리는 때때로 고통을 피하고 싶고, 그것이 사라지길 바라지만, 역설적으로 고통은 우리를 더 단단하고 깊이 있는 존재로 만들어 준다. 고통을 어떻게 바라보느냐에 따라 삶의 방향이 달라지며, 그것을 극복하는 과정에서 우리는 한층 더 성장한다.

고통은 우리를 단순히 힘들게 하는 것이 아니다. 그것은 우리의 내면을 강하게 만들고, 삶의 진정한 의미를 깨닫게 하며, 더 깊은 공감과 연민을 배울 기회를 제공한다. 우리는 고통을 통해 인간으로서 더욱 고귀해질 수 있다. 그렇다면, 왜 고통이 우리를 고귀하게 만드는 것일까? 그리고 우리는 어떻게 고통을 받아들이고 성장할 수 있을까?

고통은 성장의 기회를 준다. 고통은 단순한 시련이 아니라, 우리가 더 나은 사람이 될 수 있도록 돕는 중요한 과정이다. 인생에서 진정한 변화를 경험하는 순간은 대부분 고통을 통해 찾아온다.

첫째 자신을 돌아보는 계기가 된다. 평온한 삶 속에서는 자신의 내면을 깊이 들여다볼 기회가 적다. 그러나 고통을 겪을 때 우리는 자신을 돌아보게 된다. "무엇이 나를 힘들게 하는가?", "어떻게 하면 더 나은 사람이 될 수 있을까?"라는 질문을 던지며, 스스로를 성찰하게 된다. 이 과정에서 우리는 자신의 진정한 모습을 발견하고, 앞으로 나아갈 방향을 찾는다.

둘째는 강인한 정신을 키우는 과정이다. 운동을 할 때 근육이 찢어지고 회복되면서 더 강해지듯, 정신도 마찬가지다. 고통을 경험할 때 우리는 약해지는 것이 아니라, 한 단계 더 단단해지는 기회를 얻는다. 어려운 일을 극복할수록 우리는 더 강한 사람이 된다. 작은 어려움에도 쉽게 흔들리던 사람이, 점점 더 큰 시련에도 흔들리지 않는 존재로 성장하는 것이다.

셋째, 진정한 행복을 깨닫게 한다. 행복을 깊이 이해하기 위해서는 고통이 필요하다. 슬픔을 경험해 본 사람만이 기쁨의 소중함을 알 수 있고, 실패를 겪어본 사람만이 성공의 의미를 진정으로 깨닫는다. 고통을 경험한 후에야 우리는 일상의 작은 행복에도 감사할 수 있다. 고통을 대하는 우리의 자세가 중요하다. 고통이 우리를 성장시키는 중요한 요소라면, 우리는 그것을 어떻게 받아들여야 할까?

고통을 부정하지 말고 인정하자. 우리는 고통을 외면하거나 부정하려 한다. 하지만 고통은 존재하는 그대로 받아들이는 것이 중요하다. "나는 지금 힘들다"라고 솔직하게 인정하는 것이 치유의 첫걸음이다. 억지로 긍정적인 척하기보다, 자신의 감정을 있는 그대로 바라보는 것이 더 건강한 태도다.

고통의 의미를 찾자. 고통을 겪을 때 단순히 "왜 나에게 이런 일이 일어나는가?"라고 불평하기보다는, "이 고통을 통해 내가 배울 수 있는 것은 무엇인가?"라고 질문 해보자. 고통은 단순한 불행이 아니라, 삶이 우리에게 주는 중요한 메시지일 수 있다.

시간이 해결해 줄 것임을 믿고 기다리자. 아무리 큰 고통도 다 지나가기 마련이다. 현재의 고통이 너무 크고 감당하기 힘들더라도, 시간이 지나면 분명 그 감정은 달라진다. 시간이 흐르면서 우리는 상처를 치유하고, 새로운 희망을 찾게 된다.

다른 사람과 나누어 보자. 고통을 혼자 견디려고 하면 더욱 무겁게 느껴진다. 가족, 친구, 멘토 등 신뢰할 수 있는 사람들과 자신의 감정을 나누면 고통의 무게는 한층 가벼워진다. 또한, 다른 사람들의 경험을 들으며 위로를 받을 수도 있다.

고통 속에서도 앞으로 나아가자. 때때로 우리는 고통 속에서 멈춰 서고 싶어진다. 하지만 중요한 것은 한 걸음씩이라도 앞으로 나아가는 것이다. 작은 목표를 세우고, 하루하루를 충실히 살아가다 보면 어느새 우리는 고통을 극복하고 있는 자신을 발견하게 된다.

고통이 우리를 고귀하게 만드는 이유는 고통은 단순히 우리를 힘들게 하는 것이 아니라, 더 나은 사람으로 성장할 수 있도록 돕는다. 그것은 우리가 삶을 깊이 이해하고, 다른 사람들과 공감하며, 더 성숙한 존재가 되도록 한다. 고통을 겪으면 더 깊은 공감과 연민을 가질 수 있다. 자신의 아픔을 경험한 사람만이 다른 사람의 고통을 이해할 수 있다. 그래서 고통을 겪은 사람들은 더욱 따뜻하고 다른 사람을 이해할 수 있게 된다.

고통은 우리의 내면을 강하게 만든다. 힘든 시간을 견디고 나면, 우리는 더 이상 작은 문제에 흔들리지 않는 강한 정신력을 가지게 된다.

고통은 삶의 의미를 찾게 해준다. 고통을 통해 우리는 진정으로 중요한 것이 무엇인지 깨닫게 된다. 단순한 성공보다도, 삶의 본질적인 가치가 무엇인지 고민하게 된다.

고통은 피하고 싶은 것이지만, 사실 우리를 더욱 고귀한 존재로 만들어 주는 중요한 요소다. 우리는 고통 속에서 성장하고, 더 깊은 인간이 되며, 삶의 의미를 발견할 수 있다. 고통이 찾아올 때 그것을 원망하기보다, 그것이 우리를 더욱 빛나게 만들 수 있음을 기억하자.

고통을 두려워하지 말고, 그것을 받아들이고, 성장의 기회로 삼아라. 그러면 언젠가 그 고통이 당신을 더 빛나는 존재로 만들어 줄 것이다.

우리는 무엇으로 행복해지는가?

PART 7

일상생활 속의 행복

소소한 즐거움 찾기

행복은 멀리 있지 않다. 우리가 매일 마주하는 일상 속에서도 행복은 충분히 찾을 수 있다. 그러나 많은 사람들이 바쁜 삶 속에서 그 작은 행복의 순간들을 놓치며 살아간다.

첫째, 소소한 순간에 감사하는 마음을 가져야 한다. 아침에 눈을 뜨고 창밖으로 비치는 햇살을 느낄 때, 따뜻한 커피 한 잔을 마실 때, 또는 가족들과 짧은 대화를 나눌 때, 이러한 평범한 순간들이 사실은 큰 행복으로 다가올 수 있으며 감사하는 마음을 가지면 작은 것에서도 큰 만족감을 느낄 수 있다.

둘째, 일상 속에서 자신만의 시간을 만들어 보자. 바쁜 스케줄 속에서도 자신을 위해 투자하는 시간이 반드시 필요하다. 가벼운 산책을 하거나 좋아하는 책을 읽거나, 음악을 들으며 잠시 쉬는 시간을 가지는 것도 좋다. 이러한 자기만의 시간은 마음의 여유를 가져다주고, 일상 속 스트레스를 해소하는 데 큰 도움이 된다.

셋째, 타인과의 소통과 교감을 통해 행복을 찾을 수 있다. 친구와의 만남, 가족과의 식사, 이웃과의 짧은 인사 등 다른 사람들과의 따뜻한 교감은 삶에 활력을 불어넣어 준다. 사람 간의 연결은 인간관계를 더욱 깊고 의미 있게 만들어 주며, 이는 행복의 중요한 요소 중 하나이다.

넷째, 자연 속에서 시간을 보내는 것도 행복을 느끼는 좋은 방법이다. 공원을 걷거나 바다를 보러 가는 것만으로도 마음이 한결 가벼워질 수 있다. 자연은 우리에게 마음의 평안을 주고, 우리가 삶에서 진정으로 중요한 것들을 다시 돌아보게 만들어 준다.

마지막으로, 자신의 성장을 위한 노력을 멈추지 말자. 새로운 것을 배우거나 작은 목표를 설정하고 이를 이루기 위해 노력하는 과정에서 얻는 성취감은 일상에서 큰 기쁨이다.

행복은 특별한 사건이나 조건에서만 오는 것이 아니며, 오히려 우리의 일상 속에서 소소한 순간들을 발견하고 이를 즐길 줄 아는 태도에서 시작된다.

행복한 환경에 머무르기

　행복을 꿈꾸는 사람이라면 누구나 스스로를 행복하게 만드는 환경 속에 있고 싶어 한다. 이는 단순히 좋은 집, 편리한 조건, 여유로운 삶을 뜻하는 것이 아니다. 우리가 진정으로 행복을 느낄 수 있는 환경이란, 우리의 마음이 편안하고, 자존감이 지켜지며, 나다움을 유지할 수 있는 공간을 말한다. 행복한 환경에 머무른다는 것은 결국 우리의 삶에서 어떤 관계를 맺고, 어떤 공간에 속하며, 어떤 태도를 지니는가에 대한 총체적인 선택이라 할 수 있다.

　며칠 전에 오랜 친구들과 추억의 수학여행을 하면서 산과 바다·멋진 경치를 볼 때마다 느끼는 행복감이 매우 다르다는 것을 느꼈다. 특히 부처님 오신 날을 앞두고 양산 통도사를 찾았을 때, 자연과 어우러진 아름다운 환경속에서 기도하는 사람과 같이 나도 모르게 마음이 편안하고 따뜻해졌다.

우리가 자주 머무는 환경은 생각보다 우리의 감정과 정신 상태에 깊은 영향을 미친다. 긍정적인 말이 오가는 사람들과 함께 있을 때 우리는 마음이 가볍고 웃음이 절로 난다. 반면 끊임없는 불평, 비교, 비난이 가득한 공간에 있을 때는 마음이 움츠러들고 자신감마저 흔들리게 된다. 어떤 사람과 함께하며, 어떤 분위기 속에 살아가는지가 우리의 행복을 결정짓는 큰 요소가 된다.

행복한 환경을 만들기 위해 가장 먼저 필요한 것은 자기 자신을 존중하는 태도다. 내가 어떤 사람과 함께할 때 마음이 편안한지, 어떤 공간에서 에너지가 회복되는지를 스스로 인식해야 한다. 많은 사람들이 외부의 평가나 사회적 기준에 따라 억지로 관계를 유지하거나 원하지 않는 공간에 자신을 놓는다. 하지만 그런 환경속에서는 진정한 행복이 자라나기 어렵다. 우리는 용기를 내어 스스로를 위해, 더 나은 삶을 위해, 행복하지 않는 환경과 거리를 두는 선택을 할 수 있어야 한다.

또한, 행복한 환경은 단지 남이 만들어주는 것이 아니라, 우리가 직접 만들어가는 것이기도 하다. 내가 머무는 공간을 정돈하고, 조용한 음악을 듣고, 꽃과 나무를 키우는 작은 실천으로 삶의 분위기를 바꾸어 보자. 관계에서도 마찬가지다. 나 자신이 타인에게 긍정적인 영향을 주는 존재가 될 때, 주변도 나를 따뜻하게 감싸는 환경으로 바뀌어간다. 결국 우리가 어떤 환경에 머무를지를 결정하는 것은 우리 자신이다.

행복은 멀리 있는 특별한 무엇이 아니라, 지금 이 순간 내가 어떤 환경에 머무르고 있는가에서 시작된다. 그리고 그 환경은 생각보다 내 선택과 태도에 따라 얼마든지 바뀔 수 있다. 나를 아끼고 사랑하는 환경에 머물겠다는 결심, 그리고 그것을 실천하는 일상이야말로 우리가 행복해지기 위한 첫걸음이다.

행복을 키우는 데 도움이 되는 좋은 습관

 행복은 거창한 사건이나 특별한 날에만 느껴지는 감정이 아니다. 오히려 반복되는 일상 속에서 어떤 태도와 마음가짐으로 살아가느냐에 따라 삶의 만족도와 행복감은 달라진다. 그러한 태도는 결국 '습관'에서 비롯된다. 나를 더 건강하게, 삶을 더 따뜻하게 만들어주는 좋은 습관은 행복의 문을 여는 열쇠와 같다. 다음은 내가 실천하고자 노력하는 행복을 위한 일곱 가지 좋은 습관이다.

 첫째는 감사하는 습관이다. 감사는 행복의 시작이라고 해도 과언은 아니다. 우리가 이미 가지고 있는 것들에 대해 감사할 줄 알면, 부족함보다는 충만함이 보인다. 매일 아침 눈을 떴을 때,

잠들기 전 하루를 돌아보며 감사한 일들을 떠올려보자. 비록 사소한 일이더라도 "고맙다"는 마음을 품는 순간, 마음이 따뜻해지고 삶은 더욱 풍요로워진다.

둘째는 긍정적인 말과 생각을 하는 습관이다. 말은 마음을 반영하고, 생각은 행동을 이끈다. "나는 할 수 있다", "오늘도 잘 살아냈어" 같은 긍정적인 말과 생각은 삶을 밝은 방향으로 이끈다. 부정적인 상황에서도 긍정의 씨앗을 찾는 연습을 하다 보면, 점차 문제를 해결할 수 있는 힘이 자라난다. 긍정은 단순한 기분 전환이 아니라, 행복한 인생을 설계하는 힘이다. 나는 오늘도 길을 걸으며 콧노래를 부르려고 노력한다.

셋째는 몸을 움직이는 습관으로 건강한 몸은 건강한 마음을 만든다. 매일 조금이라도 몸을 움직이면 뇌가 활발해지고 기분도 좋아진다. 간단한 스트레칭, 걷기, 가벼운 운동은 에너지를 높이고 우울감도 줄여준다. 특히 자연 속에서 걷는 시간은 마음을 정화시키는 데 큰 도움이 된다. 행복은 때로 두 다리로 걷는 평범한 순간에 숨어 있다.

넷째. 감정을 솔직하게 마주하는 습관이다. 감정을 무시하거나 억누르면 언젠가 마음속에서 병이 된다. 내가 지금 기쁘다면 그 기쁨을 충분히 누리고, 슬프다면 그 슬픔을 인정하고 다독여야 한다. 자신의 감정을 솔직하게 마주하고 표현하는 사람은 내면이 단단하다. 일기를 쓰거나 자신에게 "지금 어떤 기분이니?"라고 묻는 습관은 감정을 건강하게 관리하는 데 도움이 된다.

다섯째는 독서와 자기성찰의 습관으로 행복한 삶을 위한 지혜는 책과 나 자신 안에 있다. 매일 조금씩이라도 책을 읽는 습관은 삶을 바라보는 시야를 넓게 만들어준다. 더불어 하루를 정리하며 "나는 오늘을 어떻게 살았는가?"를 스스로에게 묻는 자기 성찰의 습관은 성장과 변화의 기회를 제공한다. 책 속의 좋은 글 한 줄, 자기 성찰 속의 작은 깨달음이 삶의 방향을 바꿔놓기도 한다.

여섯째. 관계를 돌보는 습관이다. 좋은 관계는 삶을 더욱 따뜻하게 만들어준다. 소중한 사람들과의 관계는 시간이 지날수록 돌봄이 필요하다. 바쁘더라도 안부를 묻고, 마음을 나누고, 진심 어린 관심을 표현하는 습관은 관계를 깊게 만들고, 외로움을 줄여준다. 인간관계 속에서 오는 위로와 지지는 행복한 삶의 중요한 기반이다.

마지막으로 꾸준함과 작은 실천을 중시하는 습관이다. 행복은 갑자기 다가오지 않는다. 매일 조금씩, 그러나 꾸준히 실천하는 삶의 태도가 행복으로 이어진다. 거창한 목표보다, 작은 실천을 지속하는 힘이 중요하다. 하루에 10분 명상하기, 물 많이 마시기, 휴대폰 내려놓고 책 읽기처럼 소소한 행동들이 쌓여, 결국 인생을 변화시킨다. 꾸준함은 느리지만 확실한 행복의 길이다.

 이 일곱 가지 습관은 우리가 매일의 삶 속에서 실천할 수 있는 작고 소중한 선택들이다. 처음엔 어색할 수도 있지만, 꾸준히 이어간다면 어느 순간부터 삶이 조금 더 가벼워지고 따뜻해짐을 느끼게 된다. 결국 행복은 멀리 있는 것이 아니라, 오늘 내가 만드는 좋은 습관 속에 있다 .

일상의 행복은 그냥 이루어지지 않는다

 행복은 내가 추구하는 소중한 삶의 목표이다. 그러나 일상 속의 행복은 단순히 운이나 외부적인 요인에 의해 저절로 이루어지는 것이 아니라고 생각한다. 행복은 우리의 의지와 노력, 그리고 꾸준한 실천을 통해 만들어지는 것이며, 많은 사람들이 행복을 당연히 주어지는 것으로 생각하거나, 먼 미래에 도달해야 할 목표로만 여기지만, 행복은 지금 이 순간, 우리의 일상 속에서 작은 선택과 행동을 통해 만들어 진다는 것은 이제야 알게 되었다.

1) 행복은 의식적인 선택이다

 일상의 행복은 우연히 찾아오지 않는다. 행복은 우리가 매일 내리는 선택들에서 시작되는데, 하루를 긍정적으로 시작하기, 감사하는 마음을 가지는 것, 또는 스트레스를 유발하는 상황에서도 냉정함과 여유를 유지하려는 노력 등이다. 오늘날 우리나라의 자본주의사회는 바쁜 일정과 끊임없는 경쟁으로 인해 사람들을 쉽게 지치게 만든다. 이러한 환경 속에서 행복을 느끼기 위해서는 스스로 행복을 선택하고 만들어 가려는 노력이 필요하다. 행복은 외부 환경에 좌우되지 않고, 현재 상황을 어떻게 받아들이고 선택하느냐에 따라 달라진다. 우리가 긍정적인 태도로 현재의 순간을 받아들인다면, 행복은 그 안에서 싹트게 된다.

2) 행복은 우리의 생각과 말과 행동에서 시작된다.

행복은 대단한 성취나 특별한 순간에서만 오는 것이 아니며 오히려 작은 실천들이 쌓여 일상의 행복을 만든다. 아침에 일어나 창문을 열고 신선한 공기를 마시는 것, 좋아하는 음악을 듣고, 콧노래를 부르며 기분 좋은 하루를 시작하는 것, 하루 중 잠깐의 휴식 시간에 차 한 잔을 즐기는 것 등이다. 작은 실천은 우리가 삶의 소소한 기쁨을 느낄 수 있도록 도와준다. 특히, 다른 사람을 도와주는 행동은 행복감을 배가시키는데 주변 사람에게 진심 어린 칭찬을 건네거나, 누군가에게 도움의 손길을 내밀 때 우리는 이웃과 공감한다는 느낌과 함께 행복감을 느낀다. 이러한 말과 작은 행동들이 쌓일수록 우리의 일상은 더 행복해진다.

3) 행복을 위해 꾸준하게 노력해야 한다.

행복은 저절로 이루어지지 않으며, 이를 위해서는 끊임없는 노력이 필요하다. 우리는 때로 불행한 상황에 처하거나, 예상치 못한 어려움에 직면할 수 있다. 하지만 이런 상황에서도 행복을 유지하기 위해 노력하는 자세가 중요하다. 우선, 자신의 감정을 이해하고 관리하는 것이 필요한데 스트레스나 불안 같은 부정적인 감정이 들 때, 이를 억누르기보다는 적절히 표현하고 해소하는 방법을 찾아야 한다. 또한, 자신에게 맞는 스트레스 해소법을 실천하는 것이 좋으며 운동, 명상, 글쓰기, 혹은 자연 속에서의 산책은 마음을 안정시키고 행복감을 회복하는 데 큰 도움을 준다. 또한, 행복을 위해 지속적인 배움과 성장을 추구하는 것도 중요하다. 오늘도 나는 블로그에 행복에 대한 글을 올리고, 독서를 통하여 새로운 지식을 배우려고 노력한다. 스스로 목표를 설정하고 이를 이루기 위해 노력하는 과정에서 우리는 성취감을 느낄 수 있고 이는 곧 우리의 행복으로 이어진다.

4) 행복을 방해하는 요소 줄이기

행복은 단순히 무엇을 더하는 것이 아니라, 불필요한 것을 덜어내는 과정에서도 이루어지는데, 불필요한 비교, 부정적인 마음, 지나친 욕심 들은 행복을 방해하는 요소들이다. 특히, 타인과의 비교는 우리가 행복을 느끼는 데 장애물이 될 수 있으므로 자신만의 속도와 방식으로 삶을 살아가려는 태도가 필요하다.

또한, 스마트폰이나 인터넷의 과도한 사용은 우리가 소중한 순간을 놓치게 만들고, 때로는 불안과 스트레스를 유발하기도 한다. 디지털 디톡스*를 실천하며 일상에서 소중한 사람들과의 소통을 더 강화하는 것이 필요하다.

5) 행복은 관계 속에서 만들어지고 자란다

가족, 친구, 동료와의 따뜻한 관계가 행복을 이루는 중요한 요소이다. 서로를 존중하고 배려하는 태도는 인간관계를 건강하게 만들며, 이는 곧 개인의 행복으로 이어진다. 인간관계를 지속적으로 가꾸기 위해서는 진심 어린 대화와 공감이 필요하므로 바쁜 일상에서도 소중한 사람들과의 시간을 내어 함께 이야기를 나누고, 그들의 이야기에 귀 기울이는 것은 큰 행복을 가져다준다. 인간관계를 통해 얻는 공감과 위로는 우리가 어려움을 극복하는 데 큰 힘이 되며, 삶을 더 풍요롭게 만든다.

일상의 행복은 저절로 이루어지지 않는다. 그것은 우리가 매일

---

* 일정 기간 동안 전자 기기의 사용을 멈추는 것이다. 디지털 기기 사용을 잠시 중단하고 휴식이나 다른 활동 등을 통해 피로한 심신을 회복하는 방법을 뜻한다. 디지털 기기에서 벗어나고 싶지만 중독으로 인해 벗어나지 못하거나 장시간 사용으로 인한 디지털 치매, 우울증, 손가락·목·어깨·허리 통증 등의 질환을 겪기도 한다. 이에 디지털 기기로 인한 정신적, 육체적 스트레스를 해독(detox)하려는 움직임이 일고 있다. 애플이나 구글 같은 정보기술(IT) 기업들도 이 같은 사회 분위기에 동참해 기업의 책임을 인정하고 사용자들과의 공생에 힘쓰고 있다. 삶을 편리하게 하기 위한 기술이 역설적으로 삶을 피폐하게 만든다는 점에 착안해 디지털 중독에서 벗어날 수 있는 기능을 도입하려 하고 있다.

내리는 선택과 행동, 그리고 꾸준한 노력의 결과물이다. 행복은 완벽한 상황에서 오는 것이 아니라, 현재의 순간을 어떻게 받아들이고 살아가느냐에 따라 만들어진다.

  작은 실천과 긍정적인 태도, 그리고 따뜻한 인간관계를 통해 우리는 행복을 스스로 만들어 갈 수 있다. 행복은 거창한 목표가 아니라, 일상의 작은 순간 속에서 발견되고 쌓여가는 것이다.

우리는 무엇으로 행복해지는가?

PART 8

●

스마트폰과 미디어가 행복에 미치는 영향

행복을 위한 스마트폰 사용 관리

이제 스마트폰은 우리의 몸의 일부라고 느끼는 만큼 필수 도구가 되었다. 업무, 소통, 여가 활동 등 다양한 분야에서 유용하게 쓰이고 있지만, 과도한 사용은 오히려 스트레스와 불행을 유발할 수 있다. 행복한 삶을 위해 스마트폰을 효율적으로 관리하는 것이 필요하다.

첫째, 사용 시간을 제한한다. 스마트폰 사용 시간이 길어질수록 집중력이 저하되고, 현실 세계에서의 인간관계 형성에도 부정적인 영향을 미칠 수 있다. 하루 동안의 스마트폰 사용 시간을 미리 정해두고, 이를 지키기 위해 알람이나 타이머를 활용하는 것도 좋은 방법이다. 예를 들어, 하루 3시간 이상의 사용을 넘지 않도록 설정하면 눈의 피로를 줄이고, 그 시간을 책을 읽거나 운동을 하는 데 활용할 수 있다.

둘째, 목적에 맞게 사용한다. 무의식적으로 스마트폰을 사용하는 대신, 명확한 목적을 가지고 사용할 때 더 생산적이고 의미 있는 경험을 할 수 있다. SNS나 유튜브를 무작정 스크롤하기 보다는, 필요한 정보 검색이나 자기 계발을 위한 학습 도구로 활용하는 것이 바람직하다. 특히, 행복과 관련된 명상이나 운동 등 긍정적인 콘텐츠를 소비하면 마음의 평온함을 느낄 수 있다.

셋째, 스마트폰과 거리를 두는 시간을 만든다. 하루 중 일정 시간을 정해 스마트폰에서 완전히 벗어나는 '디지털 디톡스'를 실천하는 것이 좋다. 이 시간 동안 자연 속을 산책하거나 가족과 대화를 나누고, 스스로에게 집중하는 활동을 통해 마음의 여유를 찾을 수 있다. 특히, 자기 전 1시간은 스마트폰 사용을 피하는 것이 수면의 질을 높이고 더 건강한 생활을 이어가는 데 도움이 된다. 나는 저녁 7시부터 다음날 아침 7시까지는 스마트폰 사용을 가급적 하지 않는 디지털 디톡스를 실천하려고 노력하고 있다.

넷째, 알림을 최소화한다. 불필요한 알림은 우리의 주의를 산만하게 하고 스트레스를 유발할 수 있다. 꼭 필요한 알림 외에는 모두 끄고, 중요한 메시지나 전화만 받을 수 있도록 설정하면 디지털 과부하에서 벗어날 수 있다. 특히 단체 카톡방은 대부분 무음으로 전환하여 사용하고 있다.

다섯째, 스마트폰 사용 습관을 점검하고 개선하는 노력을 꾸준하게 한다. 사용 패턴을 분석할 수 있는 앱을 활용해 내가 어떤 앱에 많은 시간을 할애하고 있는지 확인하고, 필요 없는 앱은 삭제하거나 사용 빈도를 줄임으로써 디지털 환경을 단순화하고, 보다 생산적이고 행복한 생활을 영위할 수 있다.

오늘도 골목길을 운전하고 가는데 스마트폰을 보면서 걷고 있는 사람이 바로 내차 앞을 지나가서 깜짝 놀라서 브레이크를 밟았다. 혹시라도 내가 다른 생각을 하면서 운전을 했다면 사고로 이어질뻔한 아찔한 순간이었다. 이처럼 스마트폰은 제대로 관리하면 우리의 삶을 풍요롭게 해주는 도구가 될 수 있지만, 무분별한 사용은 행복을 앗아갈 수 있다는 사실을 잊지 말고, 스마트폰의 적절한 관리를 통해, 삶의 질과 행복을 동시에 높이 수 있도록 하자.

미디어 과소비가 행복에 미치는 영향

 우리는 지금 미디어의 홍수 속에 살아가고 있다. 스마트폰, 인터넷, SNS, 유튜브, 스트리밍 서비스 등은 우리의 일상에서 필수적인 요소로 자리 잡았다. 이러한 미디어의 발달은 정보 접근성을 높이고, 새로운 소통 방식을 제공하며, 즐거움을 줄 수 있다는 긍정적인 면이 있는 반면 미디어 과소비는 우리의 정신적, 신체적 건강에 부정적인 영향을 미치며, 궁극적으로 행복감을 저하시킬 수 있다.

 1) 미디어 과소비로 인한 비교와 열등감
 SNS와 같은 미디어는 사람들이 자신의 삶을 보여주고 소통하는 중요한 창구가 되었다. 하지만 이러한 플랫폼에서는 주로 편

집된 삶이 강조되곤 하는데 사람들은 자신의 행복한 순간만을 공유하는 경향이 있고, 이를 접하는 사람들은 타인의 삶이 자신의 삶보다 훨씬 더 풍요롭고 행복해 보인다고 느낄 수 있다.

이러한 비교는 열등감과 자존감 하락으로 이어질 수 있다. 특히 젊은 세대는 SNS에서 타인의 외모, 성공, 사회적 관계와 자신의 현실을 비교하며 불만족을 느끼는 경우가 많다. 실제로 여러 연구에서는 SNS 사용 시간이 많을수록 우울증과 불안감, 가상과 현실을 착각하는 현상이 증가하며, 이는 개인의 전반적인 행복 수준을 떨어뜨린다는 결과로 나타났다.

2) 정보 과부하로 인한 스트레스

미디어를 통해 우리는 매일 엄청난 양의 정보를 접한다. 이러한 정보 과부하는 우리의 두뇌를 끊임없이 자극하며 스트레스를 유발한다. 예를 들어, 뉴스나 SNS를 통해 끊임없이 부정적인 사건이나 사회적 문제를 접하다 보면, 세상은 불안하고 위험한 곳이라는 인식을 갖게 된다. 이는 우리가 느끼는 삶의 안정감과 행복감을 저하시킬 수 있다. 또한, 지나친 정보 소비는 우리의 주의력을 분산시키고, 집중력을 떨어뜨린다. 중요한 일에 몰두하기 어려워지고, 삶의 의미를 찾는 데 필요한 시간을 앗아가게 되며 이러한 상황은 우리가 느끼는 성취감과 행복에 부정적인 영향을 미친다.

3) 신체적 건강 문제와 행복 감소

미디어 과소비는 신체적 건강에도 부정적인 영향을 미친다. 스마트폰과 컴퓨터 사용 시간이 증가하면서 신체 활동은 줄어들고, 앉아서 보내는 시간이 늘어나는데 이는 비만, 근골격계 질환, 수면 장애 등 다양한 건강 문제를 유발할 수 있다. 특히 수면의 질은 행복과 깊은 연관이 있다. 미디어 과소비로 인해 밤늦게까지 스마트폰이나 TV를 보게 되면, 수면 시간이 줄어들거나 수면의 질이 저하된다. 이는 피로감을 증가시켜 전반적인 삶의 만족도를 떨어뜨린다.

4) 인간관계와 소통의 단절

미디어는 사람들 간의 소통을 쉽게 하는 도구로 기능하지만, 역설적으로 과도한 미디어 사용은 오히려 인간관계를 단절시킬 수 있다. 예를 들어, 가족이나 친구와 함께 시간을 보내는 자리에서조차 스마트폰을 사용하는 경우를 볼 수 있는데, 이는 대면 소통의 기회를 줄이고, 깊이 있는 인간관계를 만드는 것을 방해한다. 또한, SNS를 통해 이루어지는 소통은 피상적일 가능성이 높다. 감정적인 교류나 공감보다는 단순한 정보 전달에 그치게 되고, 이는 사람들 간의 정서적 유대를 약화시킬 수 있다. 인간관계는 행복의 중요한 요소이므로, 이러한 단절은 행복에 부정적인 영향을 미친다.

5) 미디어 과소비를 줄이는 방법

미디어 과소비가 행복에 미치는 부정적인 영향을 줄이기 위해서는 다음과 같은 노력이 필요하다.

첫째, 사용 시간 제한하기다. 하루 중 미디어를 사용하는 시간을 정해두고, 이를 엄격히 지키는 것이 중요하다. 예를 들어, 잠자리에 들기 전 1시간 동안 스마트폰을 사용하지 않는 '디지털 디톡스' 시간을 설정하면 수면의 질이 향상되고, 정신적 안정감을 느낄 수 있다.

둘째는 질 높은 콘텐츠 선택하기로 게임이나 단순히 시간을 보내기 위한 미디어 소비보다는, 자신의 가치와 목표에 부합하는 유익한 콘텐츠를 선택하는 것이 필요하며 정보의 질을 높이고, 불필요한 정보 과부하를 줄임으로써 스트레스를 완화할 수 있다.

셋째, 오프라인 활동에 참여하기이다. 운동, 독서, 명상, 취미 생활 등 오프라인 활동에 시간을 투자하는 것은 정신적, 신체적 건강을 증진시키는 데 큰 도움이 된다. 특히 자연 속에서 시간을 보내는 것은 스트레스를 줄이고, 행복감을 증진시키는 데 효과적이다.

마지막으로 의식적으로 소통을 위해서 노력하자. 가족, 친구와의 대화 시간을 늘리고, 대면 소통의 기회를 최대한 활용하는 것이 좋다. 인간관계에서 얻는 정서적 안정감과 만족감은 행복을 크게 증대시킨다.

미디어는 현대 사회에서 필수적인 도구이지만, 그 과도한 사용은 우리의 정신적, 신체적 건강에 부정적인 영향을 미치며, 결과적으로 행복을 감소시킬 수 있다. 행복한 삶을 위해서는 미디어 과소비를 줄이기 위한 노력이 필요하며 적절한 균형을 유지하면서 미디어를 활용한다면, 우리는 미디어의 이점을 누리는 동시에 더 큰 행복을 추구할 수 있을 것이다.

우리는 무엇으로 행복해지는가?

PART 9

지속 가능한 행복을 위한 조언

건강해야 행복하다

 사람마다 행복의 조건은 다를 수 있지만, 누구에게나 공통적으로 중요한 요소가 있다면 그것은 바로 건강이다. 아무리 풍족한 환경이나 성공을 이루었다 하더라도, 건강이 뒷받침되지 않는다면 인생을 온전히 누릴 수 없으며 건강은 행복을 위한 필수적인 조건이다. 따라서 "건강=행복, 행복=건강"이라는 등식이 성립한다.

 건강은 육체적, 정신적, 사회적 안녕을 모두 포함하는 개념으로 세계보건기구WHO에서 정의한 건강의 의미를 보면, 단순히 병이 없거나 허약하지 않은 상태만이 아니라, 삶의 전반적인 질이 높은 상태를 의미하며, 이러한 건강은 행복을 이루는 데 필수적인 요소이다.

　첫째. 육체적인 건강은 우리가 일상생활을 원활히 영위할 수 있도록 한다. 신체가 건강할 때 우리는 더 많은 에너지를 가지고 활동할 수 있으며, 새로운 도전을 시도할 용기를 얻게 된다. 반대로, 질병이나 통증은 삶의 질을 떨어뜨리고 행복감을 저해한다. 예를 들어, 만성적인 통증을 겪는 사람은 일상생활에서 사소한 기쁨조차 느끼기 어려울 수 있다.

　둘째, 정신적 건강 또한 행복과 깊은 관련이 있다. 불안, 우울증, 스트레스는 우리의 행복을 크게 위협하는 요소이며 정신적 건강이 안정적일 때 우리는 긍정적인 생각을 유지하고, 어려운 상황에서도 희망을 찾을 수 있다. 반면, 정신적 건강이 악화되면 사소한 일에도 쉽게 좌절하거나 부정적인 감정에 사로잡히게 된다.

　셋째, 사회적 건강은 인간관계와 공동체에서의 유대감을 말한다. 건강한 신체와 마음은 더 나은 인간관계를 형성하는 데 도움을 주며, 우리의 삶이 더 풍요로워진다. 예를 들어, 에너지가 넘치고 긍정적인 태도를 가진 사람은 주변 사람들과 더 좋은 관계를 맺을 가능성이 높다.

넷째, 건강과 행복은 서로 밀접하게 연결되어 있으며, 이를 지키기 위해 꾸준히 노력해야 한다. 나이가 들수록 건강을 유지하는 것이 더 어려워질 수 있지만, 이는 우리가 더욱 신경 써야 한다는 신호이기도 하다. 우리는 건강한 생활습관을 지속적으로 유지하고, 건강검진과 같은 예방적 조치를 통해 자신의 건강 상태를 정기적으로 확인해야 하며, 마음의 건강을 위해 명상과 적당한 휴식, 주변 사람들과의 따뜻한 관계를 유지해야 한다.

마지막으로 건강은 단순히 병에 걸리지 않는 상태를 넘어, 우리가 행복한 삶을 살아가는 데 필수적인 조건이다. 건강하지 못하면 우리가 누릴 수 있는 행복의 범위는 크게 제한된다. 따라서 건강을 지키는 것은 단순히 자기 관리의 차원을 넘어, 스스로와 주변 사람들을 위한 행복을 만드는 과정이라 할 수 있다. 오늘날 우리는 바쁜 일상 속에서 건강의 중요성을 간과하기 쉽지만, 행복한 삶을 위해서는 건강이 무엇보다 우선이다. 건강해야 행복할 수 있고 행복하려면 건강을 소중히 여겨야 한다.

건강은 저절로 유지되는 것이 아니며 행복을 위해 노력하듯이, 건강 또한 꾸준한 관리와 노력이 필요한데 건강관리 방법을 살펴보면,

1) 규칙적인 운동

운동은 신체적 건강뿐 아니라 정신적 안정에도 긍정적인 영향을 미친다. 걷기, 요가, 수영과 같은 활동은 스트레스를 줄이고, 기분을 개선하는 데 도움을 주며 운동을 통해 분비되는 행복호르몬인 엔돌핀은 행복감을 증가시킨다.

2) 균형 잡힌 식습관

우리가 먹는 음식은 몸과 마음에 큰 영향을 미친다. 영양이 풍부한 음식을 섭취하면 신체 기능이 향상되고, 면역력이 강화되는 반면, 지나치게 가공된 음식이나 과도한 당분은 건강을 해친다.

3) 충분한 수면

수면은 신체적 회복뿐 아니라 정신적 안정을 위한 필수 요소이다. 충분히 잠을 자지 못하면 피로가 쌓이고, 이는 행복감을 느끼는 능력에도 영향을 미친다. 하루 7~8시간의 충분한 수면을 통해 몸과 마음을 재충전해야 한다.

4) 스트레스 관리

스트레스는 건강과 행복의 가장 큰 적이다. 명상, 복식호흡, 취미 활동과 같은 방법을 통해 스트레스를 효과적으로 관리해야 한다. 또한, 부정적인 상황에 너무 오래 머무르기보다는, 긍정적인 태도로 문제를 해결하려는 노력이 필요하다.

건강은 단순히 병을 예방하는 데 그치지 않고, 우리의 삶에 여러 가지 긍정적인 변화를 가져오는데

첫째, 건강한 몸은 더 많은 에너지와 활력을 제공한다. 에너지가 넘치면 우리는 더 많은 일을 해낼 수 있고, 새로운 활동을 시도하는 데도 자신감을 가질 수 있으며 이는 삶을 더욱 풍요롭게 만들어준다.

둘째는 자존감 향상이다. 자신의 건강을 돌보는 것은 자기 자신을 사랑하는 것이다. 규칙적으로 운동하고 건강한 식습관을 유지하는 과정에서 우리는 자신감과 자존감을 얻을 수 있다.

셋째, 건강한 상태에서는 더 긍정적인 태도로 사람들을 대할 수 있다. 이는 자연스럽게 더 좋은 인간관계를 형성하는 데 도움이 된다. 특히, 활력이 넘치고 긍정적인 에너지를 가진 사람은 주변 사람들에게도 긍정적인 영향을 미친다.

마지막으로 삶의 질이 전반적으로 향상된다. 건강하면 삶을 더 깊이 즐길 수 있다. 좋아하는 일을 마음껏 할 수 있는 자유, 소중한 사람들과 함께하는 시간, 그리고 사소한 일상에서의 기쁨을 온전히 누릴 수 있게 된다.

즐거움과 절제의 균형 유지

행복을 이루는 요소는 단순하지 않다. 어떤 사람에게는 순간적인 즐거움이 행복의 중요한 부분일 수 있고, 다른 사람에게는 장기적인 삶의 목적과 성취가 행복의 핵심일 수 있다. 그런데 진정한 행복은 이 두 가지, 즉 즐거움과 삶의 목적 사이의 균형에서 비롯되므로. 한쪽으로 치우치거나, 다른 하나를 간과한다면 우리는 온전한 행복을 누리기 어렵다.

1) 즐거움의 중요성

즐거움은 우리의 일상 속에서 삶에 활력을 불어넣는 요소이다. 맛있는 음식을 먹거나, 좋아하는 음악을 듣거나, 여행을 떠나는 등의 즐거움은 우리의 기분을 즉각적으로 끌어올려 준다.

이런 작은 즐거움은 스트레스를 줄이고, 삶에 대한 긍정적인 태도를 유지하게 만든다.

즐거움은 하루하루의 삶을 더 빛나게 만든다. 예를 들어, 바쁜 일상 속에서 잠시 커피 한 잔의 여유를 즐기거나, 친구와의 웃음 가득한 대화는 짧은 시간이지만 큰 행복을 가져다준다. 이러한 작은 즐거움은 삶의 질을 높이고, 어려운 시기를 극복하는 데 에너지를 제공한다.

그러나 즐거움만을 추구하면 삶의 균형이 깨질 수 있다. 즉각적인 만족에만 몰두하면 장기적인 목표를 간과하거나, 더 큰 성취와 의미를 잃어버릴 수 있다. 예를 들어, 순간적인 쾌락을 위해 과도한 소비를 한다면, 이는 결국 후회와 스트레스를 불러올 수 있다.

2) 삶의 목적의 중요성

삶의 목적은 우리가 살아가는 이유와 방향성을 말하는데 이는 개인의 가치관, 목표, 그리고 성취를 통해 형성되며, 장기적인 행복을 이루는 데 필수적인 요소이다.

삶의 목적은 단순히 목표를 이루는 것 이상의 의미를 가진다.

삶의 목적이 있는 사람은 더 큰 동기와 열정을 가지고 하루를 살아간다. 예를 들어, 자신의 성취를 이루기 위해 노력하거나, 가족과의 행복한 미래를 위해 헌신하는 것은 삶에 깊은 의미와 함께 즐거움을 넘어, 삶에 대한 깊은 만족감을 느낀다.

하지만 삶의 목적에만 지나치게 몰두하면 현재의 즐거움을 놓칠 수 있다. 목표를 향해 달려가는 과정에서 지나친 스트레스와 피로를 느낄 수도 있고, 심지어는 목표를 달성한 이후 공허함을 느낄 수도 있다.

3) 즐거움과 삶의 목적의 균형

진정한 행복은 즐거움과 삶의 목적 사이에서 균형을 찾는 데 있다. 이 두 요소는 상호 보완적이며, 균형을 이루었을 때 우리의 삶은 더욱 풍요로워진다.

첫째, 현재를 즐기면서 미래를 준비하자. 현재의 순간을 즐기면서도, 장기적인 목적을 놓치지 않는 태도가 필요한데, 예를 들어, 바쁜 일상 속에서도 잠시 쉬어가며 자신이 좋아하는 일을 하는 시간을 가지면서 미래를 위한 계획과 목표를 설정하고, 이를 위해 꾸준히 노력해야 한다.

둘째는 소중한 것에 집중하기이다. 즐거움과 목적의 균형을 위해서는 우선순위를 설정하고 자신에게 정말로 소중한 것이 무엇인지 고민하면서, 소중한 것을 이루기 위해 시간을 투자하고, 가족과의 시간을 소중히 여기거나, 자신의 가치관에 부합하는 일을 선택해야 한다.

셋째, 균형을 위한 자기 성찰을 하자. 즐거움과 목적 사이의 균형을 유지하기 위해서는 스스로를 돌아보고, 내가 지금 무엇을 위해 살고 있는지, 그리고 그것이 나에게 어떤 의미를 주고 있는지를 고민해야 한다. 이 과정에서 스스로의 삶을 재정비하고, 균형을 잡아갈 수 있다.

4) 균형을 통한 진정한 행복

즐거움과 삶의 목적을 균형 있게 유지하는 사람은 현재와 미래를 모두 아우르는 행복을 누릴 수 있다. 균형을 유지하는 삶에서는 작은 즐거움이 더 큰 에너지로 작용하는데 이 에너지는 삶의 목적을 이루기 위한 원동력이다. 예를 들어, 하루 업무 중 점심식사 시간 등에 휴식을 취하며 잠깐의 즐거움을 느끼는 것은 이후 더 나은 집중력을 발휘하는데 도움이 된다. 또한 삶의 목적은 우리에게 안정감과 방향성을 제공하는데 목표가 있는 사람은 어려운 상황에서도 쉽게 좌절하지 않고, 삶의 의미를 찾아 간다.

목적이 있는 삶은 어려운 일을 즐겁게 할 수 있게 하고 우리의 일상을 더 깊고 풍요롭게 만든다.

5) 조화로운 삶을 위한 노력

즐거움과 삶의 목적은 행복의 두 축이다. 둘 중 하나를 지나치게 강조하면 삶의 균형이 깨지고, 행복감이 저하될 수 있다. 따라서 우리는 현재의 순간을 즐기면서도, 장기적인 삶의 목적을 꾸준히 추구해야 한다. 이 균형은 하루아침에 이루어지지 않는다. 스스로를 돌아보며, 무엇이 나에게 진정한 행복을 주는지 끊임없이 탐구하고 조정하는 노력이 필요하며 이러한 과정을 통해 우리는 순간의 기쁨과 장기적인 성취를 모두 누리는, 풍요롭고 행복한 삶을 만들어갈 수 있다. 오늘을 즐겁게 살아야 하지만, 동시에 의미를 추구해야 하며 균형을 찾았을 때 우리는 비로소 진정한 행복을 느낄 수 있다고 생각한다.

지속 가능한 행복을 위한 장기 전략

행복은 일시적인 감정에 그치지 않고 우리의 삶 전반에 걸쳐 지속적으로 유지되는 것이 중요하다. 그러나 지속 가능한 행복을 이루기 위해서는 단순히 순간의 즐거움에 의존하기보다는 장기적인 전략이 필요하며, 이러한 전략은 개인의 내적 성장, 사회적 관계, 환경적 요인 등을 포괄적으로 고려해야 한다.

1) 자신만의 행복 정의하기

행복의 정의는 개인마다 다르다. 따라서 지속 가능한 행복을 위해서는 자신만의 행복의 기준을 명확히 설정하는 것이 필요한데, 이를 위해 스스로에게 질문을 던져보자.

"나는 무엇을 할 때 가장 행복한가?"
"내가 중요하게 생각하는 가치는 무엇인가?"

이러한 질문에 대한 답을 통해 자신의 삶의 방향을 설정할 수 있다.

2) 내적 성장과 자기 돌봄

지속 가능한 행복의 핵심은 자기 자신과의 건강한 관계에서 시작된다. 자기 성장과 돌봄은 이를 이루는 중요한 방법이다. 예를 들어, 독서를 통해 지식을 넓히거나, 명상을 통해 마음을 안정시키는 활동은 내적 만족감을 높이며, 규칙적인 운동, 균형 잡힌 식단, 충분한 수면 등 신체적 건강을 돌보는 습관도 함께 하는 것이 좋다.

3) 사회적 관계의 질 향상

행복은 혼자가 아닌 다른 사람과의 관계를 통해 배가된다. 지속 가능한 행복을 위해서는 주변 사람들과의 관계를 지속적으로 가꾸는 노력이 필요하며, 가족, 친구, 동료와의 깊은 유대감은 정서적 안정감을 제공하며, 어려운 상황에서도 힘이 되어준다. 특히, 서로의 이야기를 경청하고 공감하는 태도는 관계의 질을 높이는 데 중요한 역할을 한다.

4) 목표 설정과 성취감

장기적인 행복을 위해서는 목표를 설정하고 이를 이루는 과정에서 성취감을 느끼는 것이 중요하다. 목표는 크고 작은 것으로 나눌 수 있으며, 이를 이루기 위한 현실적인 계획을 세워야 한다. 또한 목표를 달성했을 때는 자신을 격려하고 축하하는 것도 필요하며, 이러한 과정은 자신감을 높여 행복을 지속적으로 유지하는 데 도움을 준다.

5) 감사와 긍정적인 태도

행복은 우리가 이미 가지고 있는 것에 대해 감사하는 마음에서 출발한다. 매일 감사한 일 세 가지를 기록하는 습관을 들이면 작은 것에서 행복을 느낄 수 있으며, 긍정적인 태도는 역경 속에서도 희망을 잃지 않게 해주고, 우리 삶의 밝은 면을 볼 수 있도록 도와준다.

6) 환경과의 조화

개인의 행복은 환경과도 깊은 연관이 있다. 지속 가능한 행복을 위해서는 자연과의 조화를 이루는 삶을 실천해야 한다. 친환경적인 소비 습관, 에너지 절약, 자원 재활용 등을 실천함으로써 우리 주변 환경을 보호하는 것은 나뿐만 아니라 다음 세대의 행복에도 기여할 수 있다. 또한 자연 속에서 시간을 보내는 것은 스트레스를 해소하고 정신적인 안정감을 높여준다.

7) 도움 주고받기

다른 사람을 도우며 나누는 삶은 행복의 또 다른 중요한 요소이다. 봉사활동이나 기부와 같은 나눔의 행동은 자신과 다른 사람에게 긍정적인 영향을 미침으로써 사회적 연결을 강화한다. 반대로, 도움이 필요할 때 주저하지 않고 도움을 요청하는 것도 매우 중요하다.

8) 삶의 균형 유지

지속 가능한 행복을 위해서는 일과 삶의 균형을 유지하는 것이 필수적이다. 지나친 업무나 스트레스로 인해 자신의 삶의 질이 떨어지지 않도록 주의해야 한다. 여가시간을 충분히 확보하고, 취미나 창의적인 활동을 통해 다양한 일상을 즐겨보자.

지속 가능한 행복은 단순히 목표를 이루는 데서 끝나지 않고, 우리들의 일상에서 자신만의 가치를 발견하고 실천하며, 주변과 조화로운 관계를 맺는 과정이다. 이를 위해 나와 다른 사람의 관계와 주변 환경을 포함해서 균형 잡힌 삶을 추구해야 한다. 지속 가능한 행복은 단기적인 쾌락이 아닌, 장기적으로 풍요롭고 만족스러운 삶을 위한 여정이다.

깨달음이 올 때 행복하다

나는 천주교 제주중앙성당에서 세례를 받고 성당에서 결혼식을 하였고 빈첸시안으로 활동하면서 주말에는 거의 빠지지 않고 성당에 나가고 있다. 지금까지 종교생활을 통하여 많은 도움과 함께 은총을 받았고 하루하루를 감사한 마음으로 살아가고 있다. 지금까지의 경험을 토대로 살펴보면 종교 생활과 행복의 관계는 복잡하고 다면적이며 개인의 신념, 실천, 경험에 따라 크게 달라질 수 있다고 생각한다.

1) 공동체 및 사회적 지원

종교 공동체는 종종 강한 소속감과 정신적 안정감을 준다. 종교 모임의 일원이 되면 동료 회원들과 깊고 의미 있는 관계를 형성할 수 있으며, 이러한 사회적 연결은 행복과 마음의 평화에 도움을 준다.

2) 목적과 의미

많은 종교에서는 삶의 목적과 의미를 이해하기 위한 틀을 제공하고, 더 높은 힘이나 신성함을 믿는 것은 개인에게 삶의 방향과 성취감을 제공하여 전반적인 삶의 만족도와 행복감을 증대시킨다.

3) 도덕적 및 윤리적 지침

종교는 개인이 윤리적으로 자신의 가치에 부합하는 선택을 하도록 돕는 도덕적, 윤리적 근거를 제공하는 경우가 많다. 자신의 종교적 원칙에 따라 생활하면 도덕적인 만족과 행복을 느낄 수 있다.

4) 희망과 탄력성

대부분의 종교에서는 희망, 탄력성, 긍정적인 변화 가능성에 대한 믿음을 강조하는데, 이러한 희망은 어려운 시기에도 힘의 원천이 될 수 있으며 더 큰 행복을 가져다 줄 수 있다.

5) 이타주의와 기부

종교적 가르침은 타인에 대한 친절, 자선, 봉사를 권장한다.

이타주의 행위에 참여하고 기부하는 것은 성취감과 행복감을 가져올 수 있다.

6) 행복과 깨달음의 관계

깨달음은 종종 영적 성장과 이해의 정점으로 묘사되며, 참된 행복의 달성을 목표로 한다. 역사를 통틀어 현자들과 신비주의자들은 고통을 초월하고 위대한 존재의 본질을 발견하기 위한 탐구에 나섰는데, 그것은 깨달음이 찾아올 때 가장 큰 행복을 느낀다는 것이다. 세속적으로 추구하는 물질적 쾌락의 일시적인 것이므로 수행을 통하여 내적인 깨달음을 찾게 되는데 아직도 많은 사람들이 외부 수단을 통해 행복을 찾으려고 한다.

깨달음을 추구하는 것은 단지 지적 노력이 아니라, 스스로 깊이 파고들어 자아에 대한 내면적 깨달음이다. 이것은 자신의 내면의 목소리에 집중하고 인간 존재의 본질을 탐구하고 우리를 고통에 묶어 놓은 자아적인 마음을 초월하는 의지를 필요로 한다.

깨달음의 경험은 종종 인식의 깊은 변화로 묘사되며, 보통의 인식의 한계를 초월하는 초월적인 상태에서 자아와 다른 것, 주체와 대상 사이의 경계가 하나의 단위로 녹아들며, 만물과의 심오한 상호 연결성을 체험하게 되며, 깨달음의 빛 속에서 욕망과 소속감의 족쇄가 떨어지고, 경이로운 감정으로 삶을 경험할 자유를 얻는다고 한다.

그러나 종교생활과 행복 사이의 관계는 보편적이지 않다. 어떤 사람은 종교적 관습과 신념에서 행복과 성취를 찾을 수 있지만 어떤 사람은 그렇지 않을 수도 있다. 특정 종교적 전통, 개인의 참여 수준, 개인의 신념 및 경험과 같은 요소가 모두 이러한 관계를 형성하는 데 중요한 역할을 한다.

또한 개인이 종교적 신앙을 벗어난 무신론적인 삶에서 행복과 의미를 찾는 것도 가능하다. 사람들은 세속적 철학, 개인적인 관계, 취미 등을 포함하여 다양한 성취의 원천을 가지고 있으므로 종교생활과 행복의 관계는 매우 개인화되어 있으며, 한 사람에게 행복을 가져다주는 것이 다른 사람에게는 반드시 적용되지 않는다. 그러므로 자신의 행복에 기여하는 것이 무엇인지 결정하기 위해 자신의 신념, 가치 및 경험을 존중하는 것이 바람직하다.

우리는 무엇으로 행복해지는가?

PART 10

●

행복은 지금 여기에

내가 태어나고 자란 사회는 농경사회의 집단주의 문화를 기반으로 공동체 중심의 생활 방식을 중요시하였다. 그러나 최근에는 급격한 산업화와 도시화, 코로나19 펜데믹에 따른 사회적 거리두기로 인해 개인주의가 부상하면서, 사회와 문화의 변화에 대한 적응 여부에 따라 우리들의 행복에 커다란 영향을 미치고 있다고 생각한다.

우리나라는 전통적으로 가족과 공동체를 중시하는 집단주의 문화가 강하게 자리 잡고 있었다. 하지만 산업화와 도시화의 급속한 진행으로 개인의 역할과 가치가 부각되면서 개인주의적 성향이 급속하게 증가하고 있으며 이러한 변화는 사회적 관계의 약화와 공동체 의식의 감소로 이어져, 개인의 소외감과 고립감을 증대시키는 요인이 되고 있다. 또한 거의 모든 국민이 가지고 있는 스마트폰과 인터넷은 우리의 인간관계를 더욱 약화시키고 있다.

문화적 성향의 변화는 개인의 행복 수준에 직접적인 영향을 미친다. 전통적인 집단주의 사회에서는 사회적 지원과 유대감이 개인의 정서적 안정과 행복에 긍정적인 역할을 했다. 그러나 개인주의의 확산은 이러한 사회적 관계를 약화시켜 개인의 스트레스와 불안을 증가시키는 결과를 초래한다.

급격한 문화적 전환은 세대 간, 계층 간 갈등을 유발하여 사회적 통합을 저해하고 있다. 이러한 갈등은 사회적 신뢰를 약화시키며, 개인의 행복감에도 부정적인 영향을 미친다. 특히, 사회적 갈등에 대한 인식은 개인의 행복감 저하와 밀접한 관련이 있으며, 이는 사회적 신뢰를 통해 조정될 수 있고 생각한다.

우리나라의 급격한 산업화와 도시화로 인한 문화적 전환은 개인주의의 확산과 함께 사회적 유대감의 약화, 사회적 갈등의 증가 등으로 이어져 국민들의 행복 수준에 부정적인 영향을 미치고 있다. 따라서 개인주의와 집단주의의 균형을 도모하고, 사회적 신뢰와 통합을 위한 적극적인 노력이 필요하다.

내일을 꿈꾸며 오늘을 살아가자

오늘, 많은 사람들이 희망하는 것은 무엇일까? 사람마다 원하는 것은 다를 수 있지만, 대부분은 오늘보다 내일이 더 행복해지기를 바라는 공통된 마음을 가지고 있다고 생각한다. 이는 단순히 물질적인 풍요나 눈에 보이는 성취를 넘어, 삶 그 자체가 조금 더 나아지고 충만해지기를 바라는 인간 본연의 소망이다. 이러한 희망은 우리를 앞으로 나아가게 하는 동력이 되며, 또한 우리가 현재를 살아가는 이유가 되기도 하지만, 내일의 행복을 꿈꾸는 과정에서 우리는 어떤 자세와 마음가짐을 가져야 할까?

1) 왜 내일의 행복을 꿈꾸는가?

내일의 행복을 꿈꾸는 것은 인간의 본능과도 같다. 우리는 불확실한 미래를 살아가며 내일이 더 나아지기를 바라는 희망을 가지고 있으며, 이러한 희망은 우리가 고난 속에서도 버틸 수 있는 힘이다.

첫째, 희망은 삶의 원동력이다. 내일 더 행복해질 것이라는 기대는 오늘의 어려움을 견디게 하고, 앞으로 나아갈 수 있게 한다. 희망이 없는 삶은 무기력과 절망으로 가득할 수 있지만, 내일을 꿈꾸는 사람은 그의 삶을 빛나게 만들어 간다.

둘째는 변화와 성장에 대한 갈망으로 우리는 끊임없이 변화를 추구하며, 더 나은 삶을 살고자 노력한다. 내일의 행복은 이러한 변화와 성장의 결과로 얻어지는 보상이다.

2) 내일의 행복을 위한 우리의 선택

내일의 행복은 오늘의 선택과 행동에서 시작된다. 단순히 미래에 행복을 기대하는 것만으로는 충분하지 않으므로 우리는 오늘의 삶에서 행복의 씨앗을 뿌리고 가꾸어나가야 한다.

첫째, 오늘 이 시간을 소중히 여기는 태도이다. 내일의 행복을 위해 오늘을 희생하기만 한다면, 우리는 현재의 순간들을 놓치게 될 수 있으므로, 오늘이 없으면 내일도 없다는 사실을 기억하며, 매 순간을 소중히 여겨야 한다.

둘째는 작은 행동을 통한 변화이다. 행복은 거창한 사건에서만 오는 것이 아니다. 매일 작은 노력과 행동들이 모여 내일의 행복을 만든다. 예를 들어, 규칙적인 운동, 감사의 마음 표현, 소중한 사람들과의 대화는 오늘뿐만 아니라 내일도 우리를 행복하게 만든다.

3) 내일의 행복을 가로막는 장애물

내일 더 행복해지고 싶다는 바람에도 불구하고, 우리는 종종 그 행복을 방해하는 요소들에 직면한다.

첫째는 불안과 두려움이다. 미래에 대한 불안은 "내일은 더 나아질까?", "실패하면 어쩌지?"와 같은 생각들은 우리의 희망을 꺾을 수 있다.

둘째, 비교와 욕심으로 다른 사람의 삶과 자신의 삶을 비교하는 태도는 내일의 행복을 저해한다. 지나친 욕심 또한 우리가 가진 것에 만족하지 못하게 하며, 현재를 부정적으로 보게 만든다.

셋째는 지나친 기대로 내일의 행복을 너무 이상적으로 그리는 것은 오히려 좌절을 초래할 수 있다. 현실적인 기대와 꿈 사이의 균형이 필요하다.

4) 내일의 행복을 위한 방법

내일이 오늘보다 더 행복해지기를 바란다면, 우리는 구체적인 계획과 실천을 통해 그 꿈을 하나하나 이뤄나가야 한다.

첫째, 현실적인 목표를 설정하자. 지나치게 큰 목표는 부담이 될 수 있다. 달성 가능한 작은 목표를 세우고 이를 이루어가는 과정에서 성취감을 느껴보자. 이러한 소중한 경험은 내일에 대한 긍정적인 기대감을 키워준다.

둘째는 감사하는 마음이다. 우리가 이미 가진 것에 감사할 때, 미래의 행복에 대한 불안이 줄어든다. 매일 감사한 일을 기록하며 긍정적인 마음을 유지하자.

셋째, 성장을 위한 노력을 꾸준하게 하자. 내일이 오늘보다 더 나아지기를 원한다면, 오늘의 자신보다 조금 더 성장하려는 태도가 필요하다. 아무것도 하지 않으면서 더 나아지기를 바라지 말고 책을 읽거나 새로운 것을 배우는 등 자신에게 적극적으로 투자하는 습관을 가져보자.

마지막으로 인간관계를 소중하게 여기자. 행복은 혼자만의 노력이 아니라, 다른 사람과의 연결 속에서 더 커진다. 주변 사람들과의 관계를 소중히 여기고, 서로의 행복을 응원하자.

5) 내일의 행복과 지속 가능성

내일이 오늘보다 더 행복하기 위해서는 지속 가능한 행복에 대한 고민이 필요하며 순간적인 즐거움이 아닌, 오래 지속될 수 있는 행복의 기반을 만들어야 한다.

첫째, 내면의 평화이다. 외적인 조건이 아닌 내면의 평화를 추구하면 어떤 상황에서도 흔들리지 않는 행복의 원천이 된다.

둘째는 환경과의 조화를 소중하게 여기자. 우리가 살아가는 자연환경을 소중히 여기고 지속 가능한 삶을 실천할 때, 미래의 행복도 보장받을 수 있다.

셋째, 균형 잡힌 삶을 살아가자. 일과 여가, 인간관계와 개인의 성장 사이에서 균형을 유지하는 삶은 내일의 행복을 지속적으로 이어준다.

6) 내일을 꿈꾸며 오늘을 살아가자.

모든 이들이 바라는 것은 오늘보다 내일이 더 행복해지는 것이라고 생각한다. 이러한 희망은 우리의 삶을 풍요롭게 만들고, 앞으로 나아갈 힘을 준다. 그러나 내일의 행복은 단순히 기다린다고 이루어지지 않는다. 현재를 소중히 여기고, 작지만 의미 있는 행동을 통해 행복의 기반을 만들어야 한다. 우리가 희망을 품고 노력한다면, 내일은 분명 오늘보다 더 나은 하루가 될 것이다. 오늘은 내일을 위한 씨앗이다. 내일의 행복을 꿈꾸며 오늘을 충실히 살아가는 우리 모두의 삶이 조금씩 더 빛나기를 바란다.

불확실성 속에서도 도전하는 삶

우리는 인생을 살아가면서 크고 작은 실패를 경험한다. 실패는 고통스럽고 때로는 좌절감을 안겨주지만, 성공한 사람들은 실패를 두려워하지 않는다. 오히려 그들은 실패의 가능성을 알면서도 끊임없이 도전하며 앞으로 나아간다. 그들이 가진 공통적인 특징 중 하나는 불확실성을 받아들이고, 그 속에서도 자신의 길을 개척해 나간다는 점이다. 나도 지금까지 확신할 수 없는 미래 속에서도 계속 도전하고 있으며, 이는 나의 삶을 더욱 의미 있게 만들었다고 생각한다.

1) 실패는 과정일 뿐, 끝이 아니다

성공한 사람들은 실패를 하나의 과정으로 받아들인다. 그들은 실패가 끝이 아니라 성공을 향한 중요한 배움의 기회임을 알고 있다. 나도 지금까지의 삶을 돌아보면, 나는 실패를 통해 더 많이 배우고 성장했다. 기업은행 근무시절에 IMF사태와 글로벌 금융위기를 경험했고, 새로운 일을 시작할 때마다 예상치 못한 난관에 부딪혔고, 때로는 좌절하기도 했다. 하지만 그 과정을 통해 더 나은 선택을 할 수 있는 지혜를 얻었다. 처음에는 두려웠지만, 점차 실패에 대한 인식이 바뀌면서 실패가 두렵기보다는 새로운 도전의 기회로 다가왔다.

2) 불확실성 속에서 길을 찾다

지나고 보니 인생은 언제나 불확실성으로 가득 차 있다. 아무리 철저하게 준비해도 모든 것을 예측할 수는 없다. 하지만 성공한 사람들은 불확실성을 회피하기보다는 그 속에서 기회를 발견한다. 나도 언제나 명확한 답이 없는 상황 속에서 고민하며 살아왔다. 기업은행에서 퇴직하고 IBK미소금융과 경영지도사로 활동을 하면서도 예상치 못한 문제에 부딪히고, 때로는 고객들과의 갈등을 겪기도 했다. 하지만 불확실성 속에서도 문제를 해결하기 위해 노력하다 보면, 오히려 예상하지 못했던 새로운 기회가 생기곤 했다. 결국 중요한 것은 완벽한 계획이 아니라, 변화에 적응하며 끊임없이 도전하는 용기라는 것을 깨닫게 되었다.

3) 두려움을 넘어서는 용기

도전하는 과정에서 가장 큰 장애물은 두려움이다. 우리는 실패할지도 모른다는 두려움, 남들이 나를 비판할지도 모른다는 두려움, 모든 노력이 수포로 돌아갈지도 모른다는 두려움 속에서 망설인다. 하지만 두려움은 극복할 때 비로소 성장할 수 있었다. 나는 지금도 새로운 일을 시작할 때마다 두려움을 느낀다. 하지만 그럴 때마다 "지금 도전하지 않으면 나중에 후회할 것이다"라는 생각으로 나 자신을 밀어붙인다. 서민금융진흥원 금융 강의를 하고, "사업계획서 없이 창업하지 마라" 책을 쓰고, 신용협동조합 감사와 이사장 선거에 출마하기로 결심했을 때도, 처음에는 새로운 것을 시작하는 것이 두려웠다. 하지만 실수를 두려워하지 않고 계속 시도하다 보니 조금씩 내 자신이 단단해 지고 조금씩 나아지는 것을 느낄 수 있었다. 결국 두려움은 도전을 통해 극복할 수밖에 없는 감정이라는 것을 알게 되었다.

4) 도전 속에서 성장하는 나

도전이란 단순히 목표를 이루는 과정이 아니다. 그것은 나 자신을 발견하고 성장시키는 과정이다. 성공한 사람들은 목표를 이루는 것만큼이나 그 과정에서 배우는 것을 중요하게 여긴다.

나도 마찬가지다. 나는 불확실한 미래 속에서도 끊임없이 도전하고, 그 과정에서 나 자신을 더 깊이 이해하게 되었다. 경영지도사와 마을활동가로 활동을 하면서, 그리고 글을 쓰면서 나는 끊임없이 스스로에게 질문을 던진다. "나는 지금 왜 이 일을 하는가?", "이 과정에서 나는 무엇을 배울 수 있는가?" 이 질문들에 대한 답을 찾아가는 과정이 나를 계속 단단하게 만든다.

5) 앞으로 나아가기 위해

나는 지금도 여전히 많은 불확실성 속에서 살아가고 있다. 하지만 이제는 불확실한 내일을 두려워하기보다는, 그 속에서 기회를 발견하려고 노력한다. 실패할 수도 있지만, 그것이 끝은 아니다. 도전하는 한, 나는 계속 성장할 것이고, 결국 내가 원하는 방향으로 나아갈 것이다.

성공한 사람들은 실패를 두려워하지 않고, 불확실성을 기회로 삼는다고 한다. 그리고 나도 그런 삶을 살고자 노력하고 있으며, 앞으로도 불확실한 길을 걸어가겠지만, 그 속에서 새로운 기회를 찾으며 도전을 멈추지 않을 것이다.

6) 고통을 품은 글쓰기

'행복'은 언제나 우리 삶의 가장 깊은 질문이자 오래된 갈망이다. 이 글쓰기를 시작하며 나는 단순한 물음 하나를 마음에 품었다.

"우리는 무엇으로 행복해지는가?"

이 질문은 내 일상과 기억, 마음속 상처와 희망들을 끌어올렸고, 그 모든 것을 마주하며 나는 조금씩 내 삶을 되짚어 보았다.

처음에 나는 '행복'이라는 말에 다소 낭만적인 기대를 갖고 있었다. 따뜻한 가족, 안정된 일상, 좋아하는 일을 하며 살아가는 삶들이 곧 행복이라 여겼다. 하지만 글을 쓰며 깨달은 것은, 그러한 조건들만으로는 인간이 진정 행복할 수 없다는 사실이다. 행복은 그보다 더 복잡하고 깊은 감정이며, 때로는 모순되고, 심지어 고통과 함께 존재하기도 한다는 것을 알고 '고통'에 주목하게 되었다.

살아가며 마주하는 고통은 우리를 무너뜨리기도 하지만, 동시에 더 깊은 성찰과 공감, 그리고 회복의 힘을 준다. 고통은 단순히 피하고 싶은 감정이 아니라, 나 자신을 성숙하게 하고 타인을 이해하게 만드는, 인간다움을 이루는 핵심 요소였다. 그래서 나는 "고통은 우리를 고귀하게 만들어, 그걸 잊지 마"라는 문장을 스스로의 좌우명처럼 되새기게 되었다.

이러한 깨달음은 글쓰기라는 도구를 통해 더 뚜렷해졌다. 나는 글을 쓰면서 내면의 목소리를 들으려고 노력했고, 외면했던 감정과 마주했다. 과거의 기억들, 특히 아픔 속에서 피어난 작고 빛나는 순간들을 꺼내어 바라보면서, 나는 내 삶의 의미를 다시 발견할 수 있었다. 글쓰기는 그 자체로 치유였고, 또 새로운 가능성을 여는 문이었다. 말로 표현하지 못했던 마음의 무게가 글 속에서는 조심스레 풀어졌다.

이 글 곳곳에는 일상의 소소한 일상들이 담겨 있다. 동네 어르신들과 나눈 짧은 대화, 조용한 새벽에 홀로 마신 커피 한 잔, 근린공원에서 나를 깨우는 참새소리, 때로는 사소해 보이지만 마음을 움직였던 풍경들, 그런 순간들 속에서 나는 행복을 느꼈다. 결국, 행복은 멀리 있는 것이 아니라 지금 여기, 나의 삶 속에 있다는 사실을 깨닫게 되었다.

이제 나는 안다. 행복이란 고통이 전혀 없는 삶이 아니라, 고통에도 불구하고 계속 살아가려는 마음에서 비롯된다는 것을.. 그리고 그 마음을 잊지 않기 위해, 나는 계속해서 의문을 내려놓지 않을 것이다. 생각하고 쓰는 행위는 곧 살아가는 행위이고, 살아감은 곧 서로를 사랑하고 이해하며 조금씩 성장해가는 과정이기 때문이다.

이 글의 여정을 통해 나는 답을 얻었다기보다, 더 나은 질문을 품게 되었다.

"나는 오늘도 나답게 살아가고 있는가?"
"지금 이 순간에도 감사할 수 있는 이유는 무엇인가?"

그리고 그 질문들 속에서 매일 조금씩 행복을 찾아가고 있다.

우리는 종종 행복을 미래의 어딘가에서 찾으려 한다. 원하는 직업을 얻고, 좋은 집에 살고, 누군가의 인정을 받을 때, 그제야 행복해질 거라 믿는다. 하지만 그런 기대는 우리를 끝없는 기다림 속에 가둬버린다. 마치 행복이 마침내 도착할 열차처럼, 아직 도착하지 않은 어떤 날을 기다리게 만든다.

하지만 생각해보면, 우리가 진짜로 행복을 느끼는 순간은 늘 '지금 이 순간'이다. 포근한 햇살이 얼굴에 닿을 때, 누군가의 진심 어린 웃음을 마주할 때, 조용한 새벽에 차 한 잔을 마시며 마음이 고요해질 때. 그 모든 순간은 화려하지 않지만, 나의 삶을 가득 채우는 작고 소중한 행복이다.

행복은 멀리 있지 않다. 그것은 바로 우리의 일상, 우리의 마음 속에 이미 존재한다. 오늘의 작은 기쁨을 느낄 수 있는 마음, 지금 이 순간을 받아들이는 태도야말로 행복의 시작이다. 미래에만 집중하는 대신, 오늘을 최선을 다해 더 정성스럽게 살아가다 보면, 우리는 이미 행복 속에 있다는 것을 깨닫게 된다.

행복은 '지금 여기'에 있다. 어쩌면, 그 단순한 진실을 잊지 않는 것이 우리가 가장 먼저 해야 할 일인지도 모른다.

에필로그

이 책 『우리는 무엇으로 행복해지는가?』는 코로나19 펜데믹에 따른 사회적 거리두기로 개인주의가 팽배한 현대 사회를 살아가는 우리에게 행복이란 무엇인지, 그리고 그것을 어떻게 찾아갈 수 있는지를 고민하며 쓰기 시작하였다. 변화의 속도가 점점 더 빨라지고, 세상이 나에게 요구하는 기대치가 점점 높아지는 요즘에 행복은 우리의 삶에서 자주 뒤로 밀리곤 하는데, 우리는 하루하루를 살아내기에 바쁘고, 때로는 행복이란 단어조차 사치스럽게 느껴질 때가 있다.

특히 최근에는 트럼프 미국 대통령의 재선과 우리나라 대통령의 탄핵으로 국민들은 둘로 나누어져서 극심한 대결로 치닫고 있어서 친구들과의 사적 모임에서도 정치 이야기는 금기시되고 있으며, 경제적 어려움으로 스트레스를 호소하는 주변의 소상공인들을 상담할 때는 안타까움을 금할 수가 없다.

그렇다면 과연 행복이란 무엇일까?
지금 우리는 서로 갈등하며 왜 행복해하지 않은가?

이 책은 그런 질문에서 출발했다. 그리고 글을 쓰는 동안 내내 나도 행복을 찾아가는 여정을 경험했다. 행복은 거대한 목표를 달성했을 때만 오는 것이 아니라, 일상의 소소한 순간 속에서도 충분히 발견될 수 있다는 사실을 다시금 깨달았다. 포근한 아침 햇살과 차 한 잔의 여유, 사랑하는 이와의 따뜻한 대화, 평범하지만 소중한 하루가 바로 행복이었다.

책을 완성하기까지 주변의 많은 사람들의 이야기를 들을 수 있었는데, 누군가는 안정된 일상에서 행복을 찾았고, 누군가는 도전과 성취를 통해 행복을 느낀다고 한다. 또 누군가는 사랑하는 사람과 함께한 시간 속에서 자신만의 행복을 발견했다. 이처럼 행복은 모두에게 다른 모습으로 다가왔다.

세상은 불확실성으로 가득하고, 끊임없이 변하며, 우리가 통제할 수 없는 방향으로 흘러간다. 하지만 그런 가운데에서도 행복은 여전히 우리 곁에 존재한다. 그것은 아침 햇살의 따스함 속에, 사랑하는 이의 미소 속에, 그리고 우리가 살아가는 이 순간 속에 숨어 있다. 우리는 그 행복을 발견하는 능력을 타고난 존재이며, 단지 때로는 그것을 인지하지 못할 뿐이다.

이 책을 읽으며 독자 여러분은 어떤 순간들을 떠올렸는가? 지나간 시간 속에서 행복했던 기억을 떠올렸나요, 아니면 지금 이 순간 곁에 있는 행복을 깨닫게 되었나요? 혹은 아직 찾아내지 못한 미래의 행복을 꿈꾸고 계신가요? 어떤 대답이든 괜찮다. 중요한 것은 이 책이 여러분의 삶에 작은 힌트나 질문을 제공할 수 있었다면 나는 행복하다.

이 책을 닫으며, 여러분만의 행복의 정의를 찾아보기를 바란다. 그리고 그 정의가 크든 작든, 그것이 여러분의 삶에 의미를 더할 수 있기를 바란다. 행복은 특별한 사람들만이 누리는 특권이 아니다. 그것은 우리 모두에게 열려 있으며, 우리의 시선과 마음이 머무는 곳에 따라 언제든 모습을 드러낸다.

마지막으로 이 책을 손에 든 여러분께 진심으로 감사드린다. 이 글을 통해 행복에 대한 나의 제안이 여러분의 마음에 닿았다면, 그것만으로도 나에게는 더할 나위 없는 행복이다. 여러분과 함께한 이 여정이 끝난 것이 아니라, 오히려 새로운 시작이 되기를 바란다.

이제 여러분이 만들어 갈 행복의 이야기를 기대하며, 따뜻한 응원의 마음을 보낸다.

오늘도 행복하세요.

참고문헌

- 황준연,『하루 1시간 책쓰기의 기적』(작가의 집, 2024)

- 얼 나이팅게일,『사람은 생각하는 대로 된다 We Become What We Think About』, 정지현 옮김 (빌리버튼, 2023)

- 로버트 웰딩거 & 마크 슐츠,『행복 탐구보고서』, 박찬영 옮김 (더퀘스트, 2023)

- 조슈아 베커,『삶을 향한 완벽한 몰입』, 이현주 옮김 (와이즈맵, 2023)

- 디팩 초프라,『마음챙김의 순간』, 정윤희 옮김 (알에이치코리아 RHK, 2020)

- 양병무,『인생이 바뀌는 행복한 책쓰기』, (행복에너지, 2021)

- 유시민,『유시민의 글쓰기 특강』, (아름다운사람들, 2015)

- 서은국,『행복의 기원』, (21세기북스, 2014)

- 소셜미디어 사용자의 중독에 관한 정책적 함의 연구 : 한국형 SNS 중독지수(KSAI) 제안을 중심으로.디지털정책연구 = The Journal of digital policy & management, v.11 no.1, 2013년, pp.255 - 265 이상호 (경성대학교 디지털미디어학과)

우리는 무엇으로 행복해지는가?

발행일	2025년 7월 12일 초판 1쇄
지은이	김명수
펴낸이	황준연
표지 본문 디자인	오형석
펴낸곳	작가의 집
출판사등록	2024.2.8(제2024-9호)
주소	제주도 제주시 화삼북로 136, 102-1004
이메일	huang1234@naver.com
연락처	010-7651-0117
홈페이지	https://class.authorshouse.net
ISBN	979-11-94947-06-6(03810)

· 이 책은 저작권법에 의하여 보호를 받는 저작물이므로 무단 전재와 복제를 금합니다.
· 파본은 구입하신 서점에서 교환해드립니다.